SILAS PEREIRA

ALÉM DO SUCESSO

UM EM UM MILHÃO

EDITORA VIDA
Rua Conde de Sarzedas, 246 — Liberdade
CEP 01512-070 — São Paulo, SP
Tel.: 0 xx 11 2618 7000
atendimento@editoravida.com.br
www.editoravida.com.br
@editora_vida /editoravida

ALÉM DO SUCESSO

■

Todas as citações bíblicas e de terceiros foram adaptadas segundo o Acordo Ortográfico da Língua Portuguesa, assinado em 1990, em vigor desde janeiro de 2009.

Editora-chefe: Sarah Lucchini
Editora responsável: Eliane Viza
Editora-assistente: Jacqueline Mattos
Revisão de provas: Josiane Anjos
Fechamento: Larissa da Mata
Coordenadora de design gráfico: Claudia Fatel Lino
Projeto gráfico: Marcelo Alves de Souza
Diagramação: Marcelo Alves de Souza e Willians Rentz
Capa: Willians Rentz

■

As opiniões expressas nesta obra refletem o ponto de vista de seus autores e não são necessariamente equivalentes às da Editora Vida ou de sua equipe editorial.

Os nomes das pessoas citadas neste livro não foram alterados e são de exclusiva responsabilidade do autor.

Todos os grifos são do autor, exceto os indicados.

1. edição: ago. 2024

Dados Internacionais de Catalogação na Publicação (CIP)
(Câmara Brasileira do Livro, SP, Brasil)

Pereira, Silas
Além do sucesso : um em um milhão / Silas Pereira. — São Paulo : Editora Vida, 2024.

ISBN 978-65-5584-524-2
e-ISBN: 978-65-5584-523-5

1. Atletas - Brasil - Biografia 2. Jogadores de futebol - Brasil - Biografia 3. Vida cristã I. Título.

24-213355 CDD-796.334092

Índice para catálogo sistemático:

1. Jogadores de futebol : Biografia 796.334092
Eliane de Freitas Leite — Bibliotecária — CRB 8/8415

Muito mais que um grande jogador da Seleção Brasileira de Futebol... Só quem conhece de perto o jogador Silas consegue ter a dimensão da pessoa especial que ele é: sempre alegre, íntegro, respeitoso, humilde e pronto a ajudar quem precisa.

Tive muita sorte de encontrá-lo ainda na Seleção Brasileira de base, e foi ali que a minha vida pessoal e profissional, que praticamente nem tinha começado, já estava sendo transformada. Como esse *cara*, que passou tantos problemas, como a perda da mãe ainda jovem e, depois, do pai, tinha algo forte e especial dentro de si para passar a nós, que andávamos sem rumo?

Ele tinha Deus, e queria que nós também conhecêssemos esse Pai amoroso e misericordioso que fazia dele esse indivíduo extraordinário. Hoje, 40 anos depois, ainda somos grandes amigos.

Tenho certeza de que ao ler estas páginas e conhecer os desafios e os segredos que o levaram a alcançar uma vida e carreira tão vitoriosas, você também não será o mesmo.

Obrigado, Silas, por compartilhar uma vida com propósito comigo e com cada leitor!

Obrigado, Deus, por ter colocado Silas na minha vida!

Cláudio André Mergen TAFFAREL

Ex-jogador da Seleção Brasileira de Futebol, que atuava como goleiro.
Atualmente é o treinador de goleiros da Seleção Brasileira e do Liverpool.

Para quem convive com o Silas Pereira por mais de quatro décadas, acompanhando seus desafios e vitórias, é uma honra e prazer recomendar este livro, que narra experiências e aprendizados que ajudarão o leitor a romper com seus desafios pessoais como ele o fez de forma tão serena e confiante!

Um homem muito semelhante a Cristo é o que o Silas se tornou, e que hoje você vai conhecer nas páginas deste livro.

Pastor Aguiar Valvassoura

Pastor emérito da Igreja do Nazareno Central de Campinas desde 1980.

Caminhando com o Silas pelas calçadas da Calle Florida, em Buenos Aires, pude perceber o quanto ele era querido do torcedor argentino. Seus feitos em campo renderam-lhe uma fama comparável a Diego Maradona, o semideus argentino em seus dias de glória.

No entanto, para além do sucesso que o Silas alcançou, este livro revelará a você o suor e as lágrimas, os dramas e as vitórias de um menino sonhador, de um filho submisso, de um pai dedicado e de um esposo amoroso, porque dentro ou fora de campo, Silas nunca deixou de ser o *cara* de Cristo, refletindo a beleza da luz divina em sua missão de ser sal da Terra e luz do mundo.

Se é verdade que o fruto do nosso trabalho em Cristo é o caráter transformado dos discípulos que formamos, Silas é a pedra preciosa da minha coroa de glória.

Alex Dias Ribeiro
Ex-piloto de Fórmula 1 e diretor de Atletas de Cristo.

DEDICATORÍA

Dedico esta tão sonhada obra...

A Deus, que me deu força, saúde e coragem para enfrentar todas as dificuldades pelas quais passei ao longo da minha vida.

À minha esposa, Eliane, que tem cuidado de mim nesses quarenta anos e criado nossos três filhos com empenho, sacrifício e muito amor.

Ao Nathan, Carole e Calebe, filhos amados e motivo de muita alegria em nossa vida.

AGRADECIMENTOS

Minha gratidão...

À Editora Vida e toda a sua equipe, por acreditarem neste projeto.

Ao Calebe, meu filho, por retomar o sonho de escrever este livro depois de dez anos no forno.

À memória do meu pai, que nos ensinou a ser filhos íntegros, honestos e capazes de enfrentar a vida com coragem, mesmo tendo de fazer isso somente com o apoio da nossa irmã Raquel, que foi mãe de todos nós.

Também ao meu saudoso irmão Eli Carlos, meu segundo pai e grande inspiração para a minha carreira.

Aos amigos e irmãos que o futebol me proporcionou.

Ao pastor Aguiar e Alex Dias Ribeiro, meus mentores.

SUMARÍO

PREFÁCIO

SILAS ERA UM HOMEM FAMOSO EM TODO O BRASIL: campeão pela Seleção Brasileira de Sub-20, conhecido por ser um cristão do futebol e por seu testemunho publicado no livro *Força para viver*, que impactou milhares de pessoas em meados da década de 80. Nós já havíamos nos encontrado em alguns jogos, quando competimos como adversários, mas eu só tive a honra de conhecer pessoalmente este que se tornou meu grande amigo no ano de 1987, quando disputamos lado a lado a Copa América.

Diferentemente de mim, Silas cresceu em uma família cristã e teve o grande exemplo de seu pai, um homem de oração, batalhador e temente a Deus, que deixou um importante legado para seus filhos. Esse fundamento construído desde cedo fez com que ele se mantivesse nos caminhos do Senhor e se tornasse um modelo a ser seguido, inclusive para mim, oferecendo ensinamentos preciosos que não pude receber em minha infância. Eu me converti um ano antes de conhecê-lo, em 1986, mas ainda era um rapaz muito inexperiente na fé, e precisava que meu caráter fosse moldado e aperfeiçoado. Conforme desenvolvíamos nossa amizade, vi em Silas uma inspiração.

Ele é um homem íntegro, que trata a vida espiritual com seriedade e compromisso. Lembro quando acordávamos todos os dias, às seis horas da manhã, para orar, e Silas me incentivava a perseverar nessa disciplina mesmo quando eu falava que tinha dificuldades para pegar no sono de volta:

— Dorme cedo pra gente acordar cedo e orar — dizia.

Ao mesmo tempo que levava a fé a sério, ele era — e ainda é — uma das pessoas mais engraçadas que conheci. Sua maneira leve e descontraída de ver a vida me mostrou que é possível ser alegre e bem-humorado na caminhada com Jesus. Ao contrário de alguns religiosos, Silas é muito divertido, brincalhão, contagia as pessoas que encontra e, com certeza, é um cristão diferenciado!

Mais que um amigo, é um irmão em Cristo, com quem pude compartilhar sobre espiritualidade, jogar futebol, desabafar, dar risadas e fazer viagens em família. Nossa intimidade era tanta, que eu e minha esposa, Cristina, passamos nossa lua de mel ao lado dele e Eliane num hotel no litoral paulista. Ainda hoje, sempre que estamos juntos é um tempo maravilhoso e bem gasto. Sou grato por essa parceria que construímos ao longo dos anos, compartilhando alegrias, lutas e dificuldades — um tesouro que adquiri para a vida toda.

Silas é um dos melhores camisas 10 que já vi jogar, um pai amoroso, um marido exemplar e, hoje, um palestrante que inspira diversas pessoas ao redor do país com suas histórias, testemunhos e aprendizados. Quem o observa atualmente vê um homem bem-sucedido em todas as áreas — profissão, família, casamento, vida espiritual. Mas para além de todo o sucesso, há muito suor, dedicação e dependência de Deus. Isso o levou a protagonizar jogos e campeonatos marcantes, e o que representou para a propagação do Evangelho na Argentina, no auge de sua carreira como atleta, gera frutos até hoje e para a Eternidade.

Para mim, prefaciar esta obra é uma grande honra, porque quando eu ainda tinha muitas dúvidas sobre a caminhada com Cristo, Silas era alguém para quem podia olhar e dizer: "Eu quero ser igual a esse cara". E foi assim que pude amadurecer como homem, esportista e cristão. Aprendi a amar a Deus, a minha família e o futebol com prazer e leveza, quando o via fazer tudo com muito empenho, como se fizesse para o Senhor. O amor que hoje tenho pelo meu trabalho, minha esposa e filhos é, em grande parte, fruto das sementes que ele plantou em minha vida por meio do exemplo que dava.

Com este livro, tenho certeza de que muitos vão se surpreender com a longa e árdua jornada que ele trilhou para alcançar tantas vitórias, porque nenhuma de suas conquistas "caiu do céu". Silas é um testemunho vivo de que, seja em casa, na igreja, dentro de campo, em Campinas, Argentina ou Japão, o trabalho árduo e o relacionamento com o Criador devem ser perseguidos diariamente.

Sem máscaras ou maquiagem, as próximas páginas revelam a vida real de alguém que continua a me inspirar sempre que nos encontramos. A leitura de cada capítulo será como se sentar na arquibancada de um estádio para assistir a um clássico do futebol, deixando o leitor na torcida pelo que acontecerá a seguir.

Agradeço a Deus pelo privilégio de ter conhecido esse grande atleta, amigo, irmão e homem de valores sólidos.

Jorge de Amorim Campos, ou "Jorginho"
Treinador e ex-atleta

INTRODUÇÃO

QUEM NUNCA SONHOU EM SER UM JOGADOR DE FUTEBOL? Essa era a minha maior vontade quando menino: seguir os passos de meu irmão Eli Carlos, competir em grandes estádios lotados de torcedores apaixonados, viver a adrenalina de estar em campo, jogar como titular, vestir a camisa 10 e aparecer nas manchetes de jornal apelidado de "o melhor". Porém, assim como eu, milhares de garotos brasileiros também sonhavam em fazer carreira no esporte, e as chances de eu me tornar um jogador famoso eram tão pequenas, que às vezes pareciam inalcançáveis.

Se você me conhece, já sabe como essa história termina. Eu fui um excelente jogador de futebol, reconhecido no Brasil e no exterior, joguei ao lado de craques da bola e viajei o mundo por causa do futebol. Mas percorri uma longa jornada antes de me tornar um campeão, e isso é algo que quem me assistiu de longe não pôde perceber. Por trás de todo o sucesso, houve muito suor derramado, dias de cansaço, tristeza, solidão. Porém, acima tudo, experimentei a graça de Deus, que me garantiu suporte em meio às incertezas e ansiedades da vida de atleta.

Convido você a voltar no tempo comigo, para meados da década de 1960, quando tudo começou. Sou conhecido por ser um bom contador de histórias, e sei que a jornada de um travesso, magrelo, doente e humilde menino de Campinas, aspirante a jogador de futebol, pode encorajar os que se sentem perdidos, desanimados e talvez incapazes de realizarem seus sonhos. Ao longo de mais de trinta anos vivendo no mundo do esporte, tive de amadurecer, criar uma casca grossa, aprender a lidar com as pressões e cobranças constantes e fui capaz de entender o que era verdadeiramente importante para mim, além de toda a fama, dinheiro e glórias que conquistei.

Independentemente de qual seja o seu maior desejo hoje — uma faculdade, uma posição de prestígio no trabalho, um casamento bem-sucedido, a construção de uma família —, você precisa ter claro em sua mente o que irá sustentá-lo quando os obstáculos surgirem e a vontade de desistir for irresistível. Fui um homem perseverante, porque meus valores e princípios — um presente que me foi dado ainda na infância, mais precioso do que qualquer herança, ouro, prata ou pedras preciosas — nortearam meus passos e me mantiveram de pé. Quando as batalhas se tornavam desafiadoras, eu sabia onde encontrar o meu refúgio, e espero que, no decorrer desta narrativa, eu possa ensinar você a fazer o mesmo.

Talvez, ao observarem a minha trajetória, algumas pessoas pensem que nasci como alguém fora da curva, um menino prodígio dotado de dons únicos, com talentos impressionantes, que se destacava em meio aos outros garotos de sua idade e chamava a atenção dos técnicos e especialistas da bola. Com este livro, porém, quero mostrar exatamente o contrário. Foram poucos os que realmente acreditaram em mim, e, quando as oportunidades surgiram, eu precisei me esforçar ao máximo para provar meu valor. Penso que não conseguimos alcançar nada na vida sem preparo, perseverança e fé, mas é preciso criar coragem e determinação dia após dia, entre sucessos e fracassos.

Nas próximas páginas, você conhecerá o Silas fora dos gramados, longe dos holofotes e das câmeras da imprensa. Aquele que foi uma criança sonhadora e um jovem apaixonado; um rapaz que já pensou em desistir do futebol, sentia saudades de casa quando estava fora e ficava ansioso antes das partidas; um marido que precisou do suporte de sua amada esposa quando o ritmo frenético da carreira era quase sufocante; um pai que nem sempre pôde estar presente na vida dos filhos e, quando percebeu que queria passar mais tempo com a família, teve de decidir quais eram suas verdadeiras prioridades. Enfim, alguém que enfrentou — e ainda enfrenta — diversas dificuldades, assim como você.

Apresentarei os altos e baixos da caminhada de um homem que agarrou com todas as forças a única chance em um milhão que viu à sua frente, porque sabia que estava no lugar e na hora certos, como Deus queria que acontecesse. À semelhança de Josué, ouvi o Senhor me dizer: "Seja forte e corajoso, porque eu estarei contigo!" (cf. Josué 1.9). E, assim, com a cabeça erguida e fôlego nos pulmões, corri a jornada que me foi oferecida. Será um prazer guiar você pelas minhas memórias além do sucesso e compartilhar os aprendizados que acumulei com o passar dos anos. Como amigos conversando sobre o jogo da vida, continue comigo nas próximas páginas, porque uma partida emocionante está para começar.

Da esquerda para a direita: Esther, Silas, Sula (amiga da família), Sara, Sr. Alberto (pai), Maria do Carmelo (cunhada), Eli Carlos, Paulo Antônio (irmão gêmeo), Noemi, Agar, Raquel e Álvaro (sobrinho).

Crédito da foto: Arquivo de família.

Da esquerda para a direita: Juliana (nora), Calebe (filho) Silas, Eliane, Matheus (genro), Carole (filha), Alana (nora), Nathan (filho), Manuela e Matteo (netos).

Crédito da foto: Arquivo de família.

PARTE I

VALORES INEGOCIÁVEIS

CAPÍTULO 1

VILA TEIXEIRA

A BOLA CHEGOU DEPOIS DE UM TOQUE RÁPIDO E rasteiro, numa jogada curta, vinda do meio-campo do time do San Lorenzo, Cardinal, até a lateral esquerda do gramado. Eu estava quase sobre a linha que divide o time que ataca e o que defende, no famoso círculo central. Recebi a bola, dominando-a com meu pé direito, e levantei a cabeça, observando a cena, mapeando os jogadores adversários e todas as possibilidades de que dispunha. Tudo isso não durou mais que milésimos de segundos, mas foram suficientes para pensar na jogada certa, traçar a estratégia que tinha mais a ver com minha forma de encarar aquela batalha, do que com as possibilidades reais adiante de mim.

Em nossa vida, assim como no futebol, coragem é ferramenta fundamental, e um dos valores que carrego comigo. Na adversidade, ou no prenúncio dela, sempre me lembro do que ensina Hebreus 11.1, que afirma ser a fé "a certeza daquilo que esperamos e a prova das coisas que não vemos"; também de uma antiga canção cristã, que tantas vezes impulsionou as minhas decisões: "Não olho as circunstâncias, olho o seu amor". Fé e coragem andam lado a lado no campo e na vida.

E foi com essa determinação que eu encarei a situação. Na verdade, eu não conseguia enxergar muita coisa, a não ser que, diante de mim, estava quase toda a equipe adversária do River Plate: oito atletas mais o goleiro, Javier Sodero. Entre os jogadores, os icônicos Enzo Francescoli e Ariel Ortega. Ao redor, quase 70 mil torcedores enlouquecidos nas arquibancadas do Monumental de Núñez, hoje o maior estádio de futebol de toda a América do Sul e casa do time que chamam de El Más Grande ou El Millonario.

Meu coração e meus passos aceleraram. Eu vestia a camisa do Clube Atlético do San Lorenzo de Almagro, muito conhecido fora da Argentina por ser o clube de coração do Papa Francisco, líder máximo da Igreja Católica Romana e um apaixonado por futebol, como quase todo argentino.

Segurei a respiração e, com dois toques, deixei o primeiro marcador, o destro volante Matias Almeyda, indo em direção ao círculo central. Num movimento ligeiro, eu me desloquei no sentido ofensivo, rumo ao campo de ataque. O meia do time do River Plate me acompanhou e logo chegou um segundo marcador, Cedréz, que se juntou a um terceiro, Hernan Diáz. Eles tentaram uma espécie de paredão diante de mim, mas eu acelerei e passei pelos dois, como se fossem duas folhas pesadas de ferro de um portão automático prestes a se fechar. A minha rapidez os deixou atordoados.

Só que o time era valente e não desistia facilmente. Uma nova dupla se aproximou. Eram Leonardo Astrada, um jogador que passou a vida profissional apenas em dois clubes, o próprio River Plate e, posteriormente, o Grêmio do Rio Grande do Sul — um volante muito identificado com sua torcida e que fazia bambear as pernas de quem o enfrentasse. E Guillermo Rivarola, defensor que deixou a área ao perceber que eu seguia determinado em direção à meta do El Millonario.

Eu já tinha avançado uns dez metros desde que disparei da metade do campo, de cerca de 105 metros de comprimento por 70 de largura. Quase como se a cena se repetisse, eles também tentaram bloquear a minha passagem, no entanto a bola seguia colada aos meus pés. Astrada ainda forçou um encontrão, mas passei ileso. Rivarola esticou a perna o máximo que pôde. Eu percebi e toquei suavemente na bola, fazendo com que ela passasse por trás de seu calcanhar. Altamirano, um lateral esquerdo grandalhão, com 1,83 m de altura, em um derradeiro gesto de desespero, atirou-se com fúria, num carrinho, e tentou levar as mãos até as minhas chuteiras, buscando me desequilibrar. Porém, feito um relâmpago, eu fui ainda mais rápido.

Nesse momento, uma fração de segundos, foi como se o tempo parasse. Apoiei a perna esquerda, como a base de um pêndulo, e armei o chute, quase da entrada da grande área. A bola voou por mais de 20 metros de forma mais ligeira e mais alta que Sodero, que se esticou todo tentando, com a ponta dos dedos da mão esquerda, impedir o que parecia já ter sido escrito desde antes.

O chute atingiu o canto direito do gol, num lance plasticamente belo. Muito belo. O gol mais bonito que eu já havia anotado em toda a minha carreira, em que fiz quase duas centenas deles. O lance que o maior ídolo da Argentina, Diego Armando Maradona, diria mais tarde que desejou que fosse ele o autor do tento.

Até hoje eu consigo ouvir o som da bola de couro deslizando pela rede, a expressão nas faces da nossa torcida incrédula e o silêncio atônito da plateia adversária. Consigo me lembrar da alegria que me invadiu, dos pensamentos que me visitaram naquela explosão de felicidade. Um gol que, dizem, fez até o Papa Francisco, torcedor da carteirinha número 88.235, ficar emocionado. Um gol que me colocou de vez como um dos mais importantes futebolistas brasileiros na Argentina. Um feito parecido com o que os portenhos já tinham visto na Copa do Mundo de 1986, quando o próprio Diego Maradona arrancou do meio de campo, deixando enfileirados os marcadores ingleses, e fez um dos gols mais bonitos e inesquecíveis da história das Copas do Mundo. "A melhor jogada do campeonato. [...] Parecia Maradona contra os ingleses", confirmava a ideia o célebre locutor esportivo Victor Hugo Morales, revivendo as glórias de 1986.

Na sala da minha casa há um quadro com uma ilustração, gentilmente presenteada pelo jornalista Mauro Betting, desenhando todos os movimentos até o gol de Javier Sodero. Foi um momento tão sublime quanto improvável para um garoto pobre, nascido na periferia de Campinas, no interior de São Paulo. Uma chance em um milhão. E eu a agarrei, como tenho feito na minha vida inteira diante das coisas que me parecem impossíveis; mas que posso conseguir, porque tenho em mim a maior Força do Universo.

MEU NOME É SILAS

Gostaria de me apresentar: meu nome é Paulo Silas do Prado Pereira, nascido no dia 27 de agosto de 1965. Sou filho de Geny Cizino, uma dona de casa dedicada à família, e de Alberto Pereira, ferroviário exemplar. A maioria das pessoas me conhece apenas como Silas, um dos grandes nomes do São Paulo Futebol Clube em meados dos anos 1980 e herdeiro da camisa 10, que foi de Zico, durante as Copas do Mundo na Espanha em 1982 e México em 1986.

Quando eu nasci, minha casa já era bem movimentada e pequena para a quantidade de pessoas que ali moravam — apenas três quartos. Em um deles, dormiam meu pai e minha mãe. Nos demais, dividíamos como era possível: Raquel era a mais velha,

“

Foi um momento tão sublime quanto improvável para um garoto pobre, nascido na periferia de Campinas.

depois vinha Maria Luiza, Agar, Eli Carlos, Sara, Ester, Noemi e, para fechar a conta, vieram meu irmão gêmeo, Paulo, e eu. Fui o derradeiro de uma família de nove irmãos. Quando pequenos, eu dividia o mesmo colchão com o Paulo numa das camas do beliche.

Meu pai era funcionário da Companhia Mogiana de Estradas de Ferro, uma empresa criada no século 19, em 1872, e tinha sede em Campinas. Eram quase 2 mil quilômetros de trilhos ligando São Paulo até Minas Gerais, na época em que o café era tal como o ouro. Pouco depois, a Mogiana seria desmontada e vendida para a Ferrovia Paulista, a Fepasa. Lá, meu pai era chefe do departamento pessoal da estação. Mesmo com um bom emprego, com tantos filhos, a nossa vida não tinha como ser fácil.

Morávamos perto do campo da Mogiana, na rua Cândido Gomide, no Jardim Guanabara, em uma residência alugada. Como meu pai vinha juntando dinheiro, logo usou os recursos para comprar sua casa própria, a três quilômetros dali, na Vila Teixeira. Eu tinha apenas quatro anos quando nos mudamos, e é dessa nova casa que ainda guardo a maior parte das minhas memórias.

Lembro que era um lugar pequeno e simples, dessas residências que se assemelham aos conjuntos habitacionais. Era geminada, com três quartos e apenas um banheiro. Na lateral havia um corredor estreito que dava para um quintal ao fundo, onde mais tarde construímos uma edícula, que se transformou na casa da Raquel.

Na época, ela estudava contabilidade e logo começaria a trabalhar, ajudando nas despesas da casa. Eli treinava no Guarani, clube que ingressou em 1970, também passando a ajudar nas despesas. Nós outros ainda éramos novos, portanto permanecíamos em casa, enchendo os dias de alegria e muito trabalho para os meus pais.

Meu pai se esforçava intensamente e tinha uma fé inabalável. Nada nos faltava, ainda que vivêssemos com restrições financeiras. Ele sempre foi um homem muito trabalhador, e nossos irmãos e irmãs herdaram essa característica dele; eram dedicados em tudo. Eu me recordo bem de sua determinação, quando precisava levantar alguma provisão e saía comigo com o dinheiro apenas de ida do ônibus para o centro da cidade e me prometia um sorvete. Ele sabia que conseguiria, e eu não sei como ele sabia — só a fé sobrenatural daquele homem pode explicar algumas coisas que aconteceram.

Era como trilhar um caminho sobre as águas, crendo que não seria submerso. Meu pai fazia algo parecido: ele saía de casa sem combinar nada com ninguém, sem dar um telefonema. De algum modo, ele sabia que pelo caminho encontraria alguma pessoa que lhe devia um pouco de dinheiro, e que lhe pagaria. Então, voltávamos para casa com recursos necessários e com uma sobra capaz de garantir o sorvete. Eu era muito pequeno, mas começava a entender um pouco sobre fé por meio do jeito de viver e dos valores do *seu* Alberto.

Quando nos mudamos de residência, o sentimento era de total felicidade e realização pela compra da casa, uma conquista celebrada por todos nós e tão desejada por qualquer família. Foi um lugar escolhido com muito amor, com uma vizinhança querida, especialmente o *seu* Nelson e dona Anita. Nossa casa ficava na rua Cesar Ladeira, uma ruazinha estreita, que, naqueles anos, parecia uma estrada sem fim aos meus olhos infantis. Os vizinhos enfeitavam a rua durante os jogos da Seleção Brasileira, orgulhosos do time que vestia a amarelinha — o Brasil acabava de se tornar tricampeão mundial no México, com a grande atuação de Pelé.

UMA TRAGÉDIA INESPERADA

Meus pais eram membros da Igreja Assembleia de Deus em Vila Nova, em Campinas, e todos nós frequentávamos os cultos. Geny, minha mãe, era uma mulher firme, porém muito amorosa, bonita e sempre zelosa com todos. Tenho poucas imagens dela guardadas na memória. Lembro-me de duas únicas ocasiões, ainda que me esforce para encontrar nos retalhos das lembranças outras imagens perdidas que possam me ajudar a vê-la com mais nitidez. Em uma dessas recordações, eu estava na cozinha e ela preparava um pudim de pão com as sobras, para evitar desperdício — uma mágica que Geny fazia com suas mãos. Pães, leite, farinha, açúcar, margarina, ovos e um perfume cheiroso que invadia toda a casa. Nessas ocasiões, ficávamos ao redor, espreitando e esperando as fôrmas deixarem o forno e repousarem sobre a mesa. Eu me lembro que ataquei o pudim antes mesmo de ele esfriar; ela, prontamente, repreendeu minha pressa e gula.

Também me recordo de observar minha mãe na janela certo dia. Eu estava saindo de casa, e ela me olhou com um semblante bem sério, como se eu estivesse aprontando algo errado. Talvez, por isso, eu tenha em mim que ela fosse uma mulher brava. Entretanto, minha irmã Raquel diz que ela era calma e tinha a alma tranquila, qualidades adquiridas por sua fé em Jesus — uma fé que encontrou desde muito cedo.

Segundo meus irmãos, minha mãe vivia sua espiritualidade em todos os sutis momentos do dia a dia, e isso se refletia em cada um de nós. Éramos uma família numerosa e unida, que se cuidava e amava. Até que uma tormenta nos atingiu em cheio.

Foi no dia 15 de junho de 1971. Um infarto do miocárdio encerrou repentinamente a vida de minha mãe, aos 45 anos de idade. Ela estava saudável e não apresentava nenhum problema de saúde quando deixou sua casa em Campinas para morar numa mansão celestial. Nós, porém, permanecemos: nove filhos e meu pai.

Raquel assumiu um cuidado quase maternal conosco. Aos 20 anos de idade, ela teve de amadurecer e ser forte. Maria Luísa e Agar também estavam bem envolvidas em todos os processos dentro de casa e ajudavam com empenho, ainda mais porque Noemi, eu e Paulo éramos muito novos na época, e Eli Carlos já treinava no Guarani.

Muita coisa mudou na dinâmica familiar depois do falecimento de minha mãe. Por alguma razão, passamos a congregar na Igreja do Nazareno Central de Campinas, deixando a Assembleia de Deus, nossa igreja de origem. Eu e Paulo fomos transferidos do colchão que dividíamos em um dos quartos, para dormir na mesma cama com meu pai. Eu nunca soube bem, mas penso que ter os dois filhos pequenos por perto lhe afagava a alma dolorida de saudades de minha mãe. Hoje, como pai e cristão, sei bem que, quando o coração dói, é o Espírito Santo quem nos traz o consolo, e nossos filhos são instrumentos que ele usa para trazer ânimo e coragem a fim de prosseguirmos em meio às dores.

“

Uma família numerosa e unida, que se cuidava e amava. Até que uma tormenta nos atingiu em cheio.

Meu pai já era um homem de oração, no entanto, a partir da nossa perda, tornou-se muito mais comum encontrá-lo de joelhos dobrados intercedendo por cada um de nós, nome por nome de seus filhos. Clamando a Deus por cuidado e força, com as mãos sobre a Bíblia Sagrada, pedia ao Senhor que nos protegesse e nos tornasse verdadeiros cristãos, homens de bem. Para ele, isso sempre foi mais importante do que qualquer êxito profissional que pudéssemos ter adiante.

MEU COMPROMISSO COM CRISTO E OS PRIMEIROS SONHOS COM A BOLA

Fomos crescendo, e meu pai, sempre preocupado conosco, incentivava o nosso compromisso com a Igreja de Jesus. Assim, com 8 anos de idade, eu e o Paulo tomamos a decisão pública por Cristo e nos batizamos nas águas na Igreja do Nazareno, no centro de Campinas. Nessa idade, eu já começava a entender um pouco mais sobre a fé e o relacionamento com Deus.

O pastor que fez a cerimônia foi Jaime Kratz, um homem digno e querido por todos, e que foi honrado, cedendo seu nome para um importante instituto de ensino campineiro, onde parte da minha família estudou ou trabalhou.

Ele era magro e usava óculos, com os cabelos escuros cuidadosamente penteados para trás e nascido nos Estados Unidos. Um missionário, estudioso e amante das Escrituras. Tão conhecedor da Bíblia que era, decorava capítulos inteiros. Por ironia, ele não gostava muito de esportes, como o futebol, ainda que fosse adepto a exercícios físicos, como suas caminhadas diárias.

Um dos seus principais ministérios, além de professor de ensino bíblico no seminário, era com as crianças. Amoroso e criativo, ele usava o teclado eletrônico para prender a atenção dos pequeninos, produzindo efeitos sonoros que acompanhavam as narrativas sobre a épica luta entre o pequenino Davi contra o gigante Golias. Ou, ainda, usava um boneco que chamava de Cícero para passar seus ensinamentos. Eu e o Paulo aguardávamos ansiosos o dia desses encontros em que desfrutávamos das histórias e muito aprendizado.

É bem verdade que, aos 8 anos, o mundo ainda se descortinava diante de mim. Muita coisa eu não entendia, mas, além de me envolver nos braços amorosos de Deus, influenciado pelo exemplo do meu pai, eu também me inspirava no meu irmão Eli, e pensava que um dia, se eu treinasse e tivesse fé, também poderia ser um grande jogador de futebol.

RESPONSABILIDADES E PERALTICES DE MENINO

Com tantas mudanças se passando na minha tenra vida, ainda havia espaço para eu vivenciar as coisas de menino numa casa com oito irmãos. Eram situações, como ir à padaria e anotar, na caderneta do dono do comércio, as compras que meu pai pedia para buscarmos. Naqueles anos, as famílias mais pobres tinham sempre uma caderneta para salvar no mês quando o salário acabava antes. E ele sempre acabava antes. O dono anotava e devolvia para meu pai, que, quando recebia seu ordenado, pagava tudo certinho. Nossa compra do mês incluía só o necessário, mas uma vez por semana, aos domingos, meu pai pedia que comprássemos refrigerante. Era o dia mais esperado da semana, no qual sabíamos que no almoço teríamos Coca-Cola e macarrão com molho.

Quando a mesa era posta, ficávamos ansiosos, no entanto não podíamos ter pressa. Era preciso esperar meu pai se sentar antes de abrir qualquer embalagem. Cabia à Ester a mágica da multiplicação do refrigerante, num movimento que de milagroso não tinha nada. Ela abria a garrafa, enchia seu copo e tomava escondida, e o que sobrava ela misturava com um pouco de água para nos servir. Isso mesmo. Imagine só, acrescentava água para render mais.

Algumas vezes, o nosso pai permitia que, com o refrigerante, trouxéssemos uma barra de chocolate. “Só uma, e para vocês dois!”, alertava ele a mim e ao Paulo. E saíamos correndo, muito felizes, mesmo sendo a distância da nossa casa até a padaria uma boa caminhada.

Meu pai era bem rígido e possuía algumas regras que tínhamos de cumprir — coisas que fui aprendendo a valorizar também. Por exemplo, ele não gostava que ninguém ficasse assobiando dentro de casa ou se sentasse para comer sem camisa — um hábito que tenho até hoje; se há uma visita em casa, não fico sem camisa. Além disso, éramos garotos, mas tínhamos as nossas responsabilidades. Uma delas era ser uma espécie de vigia e "vela" das nossas irmãs e seus pretendentes. Elas sempre foram muito bonitas e divertidas, e isso atraía o interesse dos garotos, o que desagradava meu pai.

Por isso, ele deu a mim e ao meu irmão gêmeo a missão de cuidar delas, que ficavam muito irritadas, já que pegávamos no pé dos jovens interessados. Por diversas vezes, subíamos numa árvore, que ficava no quintal de casa, abastecíamos nossa sacolinha com coquinhos — aquelas frutinhas amarelas — e arremessávamos nos carros dos rapazes. Era a nossa diversão vê-los se irritarem e partirem furiosos, debaixo da chuva de coquinhos sobre o teto dos automóveis. Em certos momentos, elas propunham um tipo de trégua e nos levavam para comer. Foi um jeito de nos enturmarmos com os namorados e deixá-los um pouco em paz.

Um deles, chamado Dirceu, que até hoje é nosso amigo, foi além. Ele me levou para assistir ao jogo do Guarani contra o Palmeiras. Era 1978, ano em que o time de Campinas, liderado por Careca, Zenon e Renato, foi campeão brasileiro. Fomos até o estádio do Morumbi acompanhar o primeiro jogo da final do campeonato daquele ano. O Guarani ganhou a partida por um a zero, com gol de pênalti do Zenon. O Leão era o goleiro do Palmeiras, um paredão intransponível.

Das minhas outras peraltices, eu me lembro de, entre os 10 até quase os 15 anos de idade, jogar futebol com os garotos e, depois, irmos até a piscina que ficava no clube do Sesc. Não tínhamos carteirinha para entrar, então bolamos um plano. Havia uma grade que protegia justamente a parte mais funda da piscina. Nós subíamos na grade e já saltávamos na água, nadando até a parte mais rasa, e os seguranças às vezes fingiam não ver aquela movimentação. Era dessa forma que garantíamos um banho de piscina nos dias mais quentes.

Eu também já começava a me mexer para ganhar alguns trocados. Meu primeiro trabalho foi com o Ildo, meu cunhado, que era engenheiro topógrafo e se casaria com a Agar. Eu tinha cerca de

10 anos e carregava uma sacola cheia de estacas de madeiras, que ia distribuindo pelo chão enquanto ele e seu pai levavam os equipamentos para as medições nos terrenos e fazendas. Medimos todas as fazendas do interior de Campinas: de gente conhecida e rica, de empresas famosas; até um clube de polo muito conhecido na região, que se chama Helvetia.

Outra forma de ganhar dinheiro era vendendo plantas e queijos pelas ruas. As plantas, como samambaia e avenca, colhíamos pelas matas. Depois, comprávamos o xaxim, no mercadão, e uma correntinha para pendurar. Com isso, montávamos os arranjos e saíamos vendendo. Para lucrar com o queijo, trabalhávamos em parceria com um comerciante que nos encontrava a cada 15 dias na rua de casa. Ele deixava 14 queijos conosco: um era nosso, 13 para serem repassados. O produto era extremamente saboroso, e eu saía pelo bairro todo oferecendo aos moradores. Já possuíamos uma freguesia que comprava comigo e com o Paulo, sempre ao meu lado nessas aventuras. Claro que havia perigo pelas ruas. Porém, naquela época, sabíamos quem era quem, e nos afastávamos até da aparência do mal, como aprendíamos lendo a Bíblia em casa, ou na igreja, aos domingos.

Quando completei 13 anos, minhas irmãs procuraram um vizinho nosso que morava em frente de casa e era diretor na DPaschoal, uma empresa de serviços automotivos que tinha uma rede grande de lojas, com sede em Campinas, e perguntou se ele conseguiria trabalho para um de seus irmãos. Foi ali que obtive meu primeiro emprego de verdade, como *office boy*.

Já que o dinheiro era curto, eu economizava como dava. Às vezes, fazia longos percursos a pé para guardar a quantia da passagem, ou mesmo saltava pela janela do ônibus, uma habilidade que aprendi bem antes, com os amigos. Eu os via fazendo e, como dava certo, resolvi fazer também. Certa vez, eu saltei na frente da empresa e minha chefe estava chegando naquele momento. Ela me repreendeu:

— Paulinho, o que você está fazendo?

 — Eu não tinha dinheiro, dona Yara — justifiquei.

"Eu tinha cerca de 10 anos e carregava uma sacola cheia de estacas de madeiras, que ia distribuindo pelo chão enquanto ele e seu pai levavam os equipamentos para as medições nos terrenos e fazendas.

Porém, longe dos olhos dela e, principalmente dos olhos do meu pai, eu fazia isso muitas vezes para me locomover pela cidade. Descia pela porta de trás, que era a de entrada, ou saltava pela janela. Mas sempre ficava com uma dor na consciência de ter feito algo que não era certo.

Um dia, eu bem menino ainda, voltando de uma partida de futebol com os amigos, decidi pôr em prática o que havia aprendido. O dono do time em que jogava me ajudava pagando um refrigerante e passagens de ida e volta de ônibus. Então, para conseguir comer algo, eu fazia a manobra de pular do ônibus sem pagar. Quando saltei, havia um camburão da polícia bem na frente do nosso desembarque. Assustado, eu corri na outra direção, atravessei a avenida sentido ao ponto de ônibus. Foi então que vi meu pai ali e, antes que ele me notasse, não tive dúvida: corri na direção contrária, exatamente onde estavam os policiais. Eu preferia encarar a polícia a ter de lidar com a decepção que causaria no meu pai.

Quando o *seu* Alberto me encarava sisudo, com o olhar fixo por detrás daquele bigode, eu tremia todo. Isso, porque seu olhar trazia responsabilidade, um cuidado amoroso de um homem que foi atravessado por muitas dores e dificuldades; que ficou viúvo da mulher que amou e com quem construiu uma grande família; que se importava com a vida de cada um dos filhos e, quando um de nós parecia se distanciar dos caminhos aprendidos na Bíblia, era ele o intercessor que não esmorecia diante de nenhuma luta. Sua firmeza vinha da fé depositada em Cristo e dos joelhos postos no chão pelas manhãs, enquanto sussurrava o nome de cada filho.

FUNDAMENTOS SÓLIDOS

A Bíblia nos ensina, em Salmos 144.12: "Que, na juventude, os nossos filhos sejam como plantas viçosas; que as nossas filhas sejam como colunas esculpidas para ornar um palácio".

A esperança do salmista era a mesma dos meus pais. Dona Geny não pôde ver muito adiante. Fez como Moisés, que guiou o seu povo, mas não entrou na terra prometida por Deus, que fluía leite e mel. Porém, diferentemente do patriarca hebreu, minha mãe não foi punida por qualquer ato de impaciência ou falta de fé. Foi seu coração que lhe pregou um golpe aos quarenta e cinco do primeiro tempo. Porém, de algum jeito, ela pôde contemplar a formação de caráter esculpida em cada um de nós.

O livro de Salmos também diz que: “Os filhos são herança do Senhor, e os frutos do ventre, uma recompensa” (127.3). Cada ida à igreja, desde o pequeno salão da Assembleia de Deus, onde iniciamos nossa fé, até a Igreja do Nazareno, onde eu e minha família estamos, nossas bases cristãs foram se fortalecendo. Mesmo quando não queríamos ir — afinal, crianças que éramos, só pensávamos em brincar —, a firmeza dos meus pais nos conduziu por caminhos de paz e vitórias. Crescemos na graça e no conhecimento. Frutificamos. E nada frutifica da noite para o dia. O trabalho do lavrador, muitas vezes, nem é visto por ele. Ele planta, rega, mas é o Senhor quem dá o crescimento, como nos ensina Paulo, o apóstolo, no livro que escreveu aos coríntios (cf. 1Coríntios 3.6).

Por tudo isso, o trabalho dos meus pais jamais será apagado no meu coração e mente. São fundamentos na construção dos valores que me norteiam pela vida. Eu gostaria de tê-los por perto para dizer: “Olha, pai, mãe, deu certo. Aquilo que vocês nos diziam, ainda na mais tenra infância, eu guardei no coração. E hoje meus filhos e netos vivem sob a sombra da árvore plantada por vocês”.

Silas e Pelé em 1989: jogos preparativos para a Copa do mundo de 1990 na Itália.
Crédito da foto: Autor desconhecido.

CAPÍTULO 2

QUEM NUNCA SONHOU EM SER UM JOGADOR DE FUTEBOL?

MINHA INSPIRAÇÃO

ELI CARLOS ALBERTO PEREIRA CARREGAVA CONSIGO O nome do pai. Ao mais velho dos filhos homens coube essa honra e responsabilidade. Seria o exemplo masculino numa família majoritariamente feminina — eram apenas três filhos homens e seis mulheres. Por isso meu pai se preocupava muito em como ele tocava sua vida e no exemplo que nos deixava como irmão mais velho. Ele, desde cedo, fez uma escolha: seria um jogador de futebol.

Também pudera: nossa casa, antes da Vila Teixeira, ficava no Jardim Guanabara, na rua Engenheiro Cândido Gomide, no número 771. Uma descida suave, numa caminhada de uns trezentos metros, levava até um extenso muro não muito alto, com tintas vermelhas e pretas desbotadas, cores do estado de São Paulo. Um portão enferrujado dava acesso a um enorme campo, um tanto esburacado e com o gramado maltratado, iluminado por refletores em torres altas, que pareciam acender até a vizinhança. Um frágil alambrado separava a torcida, nas arquibancadas baixas e de cimento, do campo. Esse era o Estádio Cerecamp, que ficava no início da mesma rua da nossa casa e que se tornaria o quintal do Eli, onde ele dava seus primeiros chutes de uma vitoriosa carreira no futebol.

Aquele espaço era conhecido como o Campo do Mogiana, em referência à estrada de ferro, um clube de futebol que desapareceu nos anos de 1970, mas que chegou a fazer tanto sucesso, que rivalizava com outros grandes da cidade de Campinas, como o Guarani e a Ponte Preta. Foi o primeiro clube do interior paulista a jogar uma partida no Maracanã, num torneio juvenil que reuniu gigantes, como Flamengo, Vasco, Racing e até o Boca Juniors. São histórias que os mais velhos adoravam relembrar pelas arquibancadas.

Dos campeonatos no Mogiana, Eli Carlos foi convidado pelo Guarani Futebol Clube para treinar, em 1970, quando tinha apenas 16 anos. Por lá jogou até 1973, sendo transferido para o Comercial Futebol Clube, de Ribeirão Preto e, em seguida, para o Coritiba Foot Ball Club, no Paraná, no qual foi bicampeão e considerado um dos maiores nomes da história do clube. Passou ainda pelo Fluminense, Flamengo, e encerrou a carreira no Palmeiras de São João da Boa Vista, interior paulista.

Em nossa rua, ele era o maioral. Usava os cabelos cacheados e cheios, que parecia lhe fazer mais alto do que o seu 1,77 m de estatura. Quando sabíamos que ele estava para chegar, já ficávamos na esquina à sua espera. Ele estacionava seu carro, recebia a bola e saía *petecando* em direção à nossa casa. Eu, Paulo e os meninos da rua ficávamos enlouquecidos.

— Como ele consegue fazer isso? — a gente festejava.

Aos domingos, nós nos reuníamos diante da televisão, no final da noite, para assistir aos "Gols do Fantástico", um quadro do programa de notícias e entretenimento exibido pela rede Globo, e que era apresentado pelo lendário jornalista Leo Batista. E, todos os domingos, tinha gol do Eli Carlos.

Para mim, era Deus no Céu e Eli Carlos na Terra. Ele nos levava até um lugar, na cidade vizinha, chamado Fonte Sônia, que dava para nadar; passávamos o dia juntos ali. Ele cuidava da gente e nós o admirávamos. Uma inspiração não só para mim e o Paulo, mas para o bairro todo. Foi por ele que comecei também a jogar.

A PRIMEIRA OPORTUNIDADE EM CAMPO E O EMPREGO NA DPASCOAL

O primeiro time que me deu oportunidade foi o Foto Brasil Esporte Clube, que aceitava jogadores a partir dos 11 anos. Fundado em 1973 pelo senhor Tito, um fotógrafo apaixonado por futebol, que fazia fotomontagens com jogadores e tinha uma loja de revelações — sim, naquela época, as lojas que faziam revelações de filmes eram muito comuns e um negócio próspero. As pessoas fotografavam, retiravam o filme da máquina, que nada mais era que uma bobina, e levavam até as lojas para que fosse realizado o processo de revelação das imagens. Tito juntou uma boa turma nos arredores da Avenida Orozimbo Maia, no campo do Cambuí Futebol Clube, no centro da cidade. Era ele quem distribuía a passagem de ida e volta e pagava ainda um refrigerante para nós, mas aplicávamos a tal técnica de saltar do ônibus sem pagar, para usar o dinheiro e completar o lanche.

Nessa época, eu trabalhava na DPaschoal e conciliava o futebol, os mergulhos escondidos no Sesc e o emprego, onde fazia de tudo no escritório: organizava arquivos, colocando os documentos em ordem por dia, mês e ano; buscava café; levava documentos para lá e para cá; pagava contas e tudo o que me mandassem fazer. Quer dizer, quase tudo.

Às vezes eu era escalado para sair com uma sacola cheia de panfletos de uma campanha que faziam, a "Pneu Careca". Era um informe conscientizando os motoristas do perigo de dirigir sem as manutenções necessárias. Minha função era encontrar os carros que estavam com pneus gastos e colocar o informe no para-brisa. Mas eu era muito garoto e logo me cansava. Jogava parte dos papéis fora e ia para o fliperama jogar um jogo que era febre na minha época de adolescência: O Cavaleiro Negro.

No escritório, eu gostava também de tomar o café, que sempre era servido ao lado de uma garrafa de chá. Até hoje me recordo com carinho do café quentinho sempre na garrafa térmica. E da braveza do *seu* Décio, que era o gerente da loja.

OS DESAFIOS COM A SAÚDE

Nesses anos, eu sofria de bronquite: tossia por períodos prolongados. Tinha a respiração curta e uma sensação de peso no peito. Meu aspecto físico era de dar pena, o que me faz lembrar da canção Baião[1], que foi regravada diversas vezes, mas é de um antigo compositor, chamado Janires. Ela dizia algo assim: "Eu era magro que dava dó/ Meu paletó listrado era de uma listra só/ Mas Jesus entrou no meu deserto e inundou o meu coração". Jesus já habitava em mim, mas se eu vestisse um paletó listrado, certamente ele seria também de uma listra só.

Além da visível magreza, eu perdia o fôlego com facilidade. Quando jogava futebol, eu precisava ficar quinze minutos descansando. Consternados com isso, a empresa resolveu pagar meu tratamento de saúde. Eu tomava uma injeção toda segunda-feira, alternando os ombros onde a agulha era aplicada, porque, de outra forma, seria impossível suportar a dose de Frademicina. Além das

---

[1] MANSO. Janires Magalhães. **Baião**. In: Janires e amigos. Rio de Janeiro: Doce Harmonia. Vinil, fita cassete, 1984.

“

Jesus já habitava em mim, mas se eu vestisse um paletó listrado, certamente ele seria também de uma listra só.

agulhadas no ombro, eu também levava injeção de penicilina direto na veia, a cada quinzena.

Como ser um jogador de futebol assim? Só com muita determinação, e isso não me faltava. Eu já tinha meus sonhos bem definidos e desejava transformá-los em metas. Por isso, algo que aprendi a fazer, desde bem pequeno, foi me dedicar bastante.

DOMINGO É "DIA DE IGREJA"

Além dos desafios com a saúde, minha garra e vontade de ser um jogador empenhado nos os treinos e jogos encontrou outra barreira. Era preciso conciliar tudo com nossas responsabilidades na casa de Deus. Domingo era "dia de igreja", e isso, naquela nossa idade, era inegociável. Em certa ocasião, eu e o Paulo, que havíamos nos comprometido com um time local, dissemos ao nosso pai:

— Domingo temos jogo no time do *seu* Gervázio.

— Domingo é dia de igreja — respondeu meu pai.

— Eu sei, mas nos comprometemos. Demos a nossa palavra que iríamos.

— Pois vocês vão até ele e digam que estão retirando a palavra, porque domingo é dia de culto e isso é inegociável.

Enquanto éramos crianças, tínhamos de estar sujeitos às regras da nossa casa. E uma delas era que todos nós frequentaríamos os cultos de domingo.

Meu pai tinha esse cuidado, porque Eli Carlos, quando começou a jogar no Guarani, abandou os caminhos de Jesus — e isso o perturbava muito. Então, em minha cabeça, aprendi a clara lição de que uma coisa não poderia prescindir da outra. Eu seria um atleta e, um dia, seguiria a carreira de um jogador de futebol com todo o zelo e compromisso que ela exigia; porém, até lá, eu acataria as ordens do *seu* Alberto e minha responsabilidade na casa de Deus.

TALENTO NÃO BASTA

Não demorou muito para que as coisas engatassem de vez em minha vida. Sempre diziam para mim e o Paulo que tínhamos muito potencial para jogar futebol. No entanto, desde cedo, aprendi que não basta ser habilidoso, o famoso "bom de bola", para ter uma carreira promissora; é preciso unir técnica, conhecimento, capacidade emocional e mental. Sem disciplina e foco não se "chega lá". Por essas razões, há muitos jogadores talentosos que não progridem na carreira. Alguns nem chegam a se profissionalizar ou, quando acontece, sucumbem diante dos primeiros desafios.

Dos 12 aos 16 anos de idade, eu jogava sempre com o pessoal mais velho: jovens e adultos, e até mesmo com os veteranos.

— Você leva jeito para a coisa... Corre atrás, arruma um clube, que você e seu irmão têm boas chances de se tornarem profissionais — diziam alguns ao me verem atuando.

Eu ouvia tudo e acreditava no meu talento, mas como eu poderia avançar nos caminhos do esporte se eu tinha de bater meu cartão de ponto no trabalho, na DPaschoal, de segunda a sábado e no domingo ir para a igreja?

Olhando aquelas circunstâncias, fazia sentido desistir. Mas todas essas barreiras serviam para me lembrar de que devia treinar duro. E assim fiz. Perto de casa, havia um terrão, um campo improvisado de futebol com os travessões. Após o meu expediente no trabalho, eu colocava a camiseta pendurada no ângulo das traves, depois me afastava, como se fosse para fora da grande área, e ficava chutando, tentando acertar a peça de roupa já toda enlameada. Passava horas nesse exercício repetitivo e cansativo, até que meu chute ia ficando cada vez mais calibrado.

Mal sabia, mas nos jogos eu era observado...

Um dia, jogando no Campo do Bela Vista, um clube de futebol de Campinas, recebi um lançamento à meia altura e acertei um chute de bicicleta, que é um dos mais bonitos plasticamente. A gente salta de costas e acerta a bola no ar. Eu mesmo nem tinha muita noção do quanto aquilo foi impressionante, mas, até hoje, quando encontro alguns amigos da época do início da carreira do Eli Carlos, eles me dizem que aquele foi um golaço. Tanto que os olheiros me fizeram convite para um teste no Guarani.

Fui para a prova no clube onde meu irmão começou sua carreira. Eram seiscentos meninos distribuídos por posição. Goleiros,

“

Colocava a camiseta pendurada no ângulo das traves, depois me afastava, como se fosse para fora da grande área, e ficava chutando, tentando acertar a peça de roupa já toda enlameada. Passava horas nesse exercício repetitivo e cansativo, até que meu chute ia ficando cada vez mais calibrado.

laterais, zagueiros, atacantes e meias-atacantes. Eu era um meia-atacante, posição que aprendi a gostar assistindo ao Zico, destro como eu, pela televisão.

Numa peneira, forma como é conhecida a seleção de jogadores, há pouquíssimo tempo para mostrar seu futebol. É preciso contar com a provisão divina e não desperdiçar as oportunidades. Muitos bons jogadores não são notados porque acabam caindo em times nos quais *um põe a bola debaixo do braço* — modo de dizer — e não toca para mais ninguém. São os chamados "fominhas". Mal sabem alguns que os olheiros observam características como a habilidade de tocar bem, a visão de jogo, a execução de lançamentos com precisão e a atenção ao desarmar as jogadas ofensivas dos adversários.

"CHAMA O MENINO NO BANCO!"

Depois de uma curta apresentação, o responsável por aquela peneira mandou apenas quinze garotos retornarem ao clube dentro de um mês, e eu estava na lista. Porém o Paulo, que também fez o teste comigo, e alguns amigos não tiveram a mesma sorte. Naquela época, a escolha era feita a olho nu. Hoje, para ser selecionado, o menino permanece por cerca de uma semana no clube, realizando diversos testes, como de estatura, média de velocidade, força em cada perna e do cabeceio, reflexos, entre outros.

— Se o Paulo não for, eu também não vou — protestei.

E não fui mesmo. No entanto, havia outro plano que eu queria pôr em prática: ir a Porto Alegre realizar uma peneira, por isso não me importei em faltar ao segundo teste do Guarani. Mas é como diz um provérbio das Escrituras: "O coração do homem pode fazer planos, mas a resposta certa dos lábios vem do Senhor" (Provérbios 16.1, ARA). Não sabia eu que também não iria para a capital gaúcha, porque haveria de me surpreender com o que Deus estava me reservando. Até hoje, o pessoal do Guarani comenta comigo:

— Puxa, era para você ter voltado depois de um mês, mas ainda bem que não voltou. Foi melhor para você!

No final do ano, época em que os campeonatos profissionais entram em recesso, meu irmão Eli Carlos tinha uns dias de descanso também. E, como boleiro que era, sempre participava desses jogos festivos que acontecem perto do Natal e Ano Novo, do tipo "amigos de fulano" contra "amigos de ciclano". São jogos amistosos que servem para arrecadar doação de alimentos e realizar uma confraternização entre os atletas. O time que o Eli jogava se chamava "Sereno"; isso, porque, sempre depois da partida, havia uma batucada, com muita bebida e pagode, que ia até a madrugada — e, claro, nós nunca comparecíamos.

Nessas ocasiões, eu assistia ao jogo e ficava na expectativa de entrar em campo. Como eu era um menino magricela, os veteranos me aconselhavam:

— Se você for jogar, presta atenção: toca a bola e sai. Não vai entrar em divididas, nada disso.

Era uma forma de eu me precaver e não levar pancadas ou me contundir.

Em um desses jogos, faltava um jogador profissional, então mandaram eu ficar no banco para compor o número mínimo da equipe. Restando cinco minutos para o fim da partida, um dos jogadores se machucou; olharam para as opções entre os reservas e me notaram: talvez, por ser um jogo festivo, sem nenhuma ambição a não ser a brincadeira entre os jogadores e a diversão do público; talvez porque eu tinha olhos pedintes de uma oportunidade, algum "quê" que os sensibilizassem a dar uma mínima chance. De algum jeito, acharam por bem colocar o "irmão do Eli" em campo.

— Chama o menino no banco! — alguém sugeriu.

— Toca a bola e sai, garoto — outro gritou, procurando me lembrar da regra máxima para evitar qualquer tipo de desfortúnio no fim do jogo.

Entrei. Tocava e saía, do jeito que tinham mandado. Até que, bem no finalzinho da partida, um jogador do time adversário fez uma falta próxima à entrada da grande área.

— Pede para o irmão do Eli bater a falta aí! — disse alguém do meu time.

E eu fui. Ajeitei a bola bem na entrada da área, do lado esquerdo. Respirei fundo e bati forte com o pé direito. A bola voou por cima da barreira e entrou no ângulo. Todo mundo vibrou muito, além de ficarem espantados com a força que a bola tomou.

Ao final da partida, o professor Cidinho, um técnico de futebol, foi me procurar e disse:

— Você quer fazer um teste no São Paulo?

Achei esquisito o convite e questionei:

— Olha, você é igual aos outros todos, que ficam prometendo, prometendo, prometendo e depois não fazem nada?

— Por quê? — perguntou Cidinho.

— Você só quer fazer média com o meu irmão? — joguei outra pergunta.

Naqueles dias, era comum, para se aproximarem do Eli, profissionais do futebol prometerem uma chance para mim e o Paulo. Mas, na verdade, eles só queriam mesmo estabelecer algum relacionamento com o meu irmão, que era a grande referência da época.

— Não, não, garoto. Se você falar que sim, daqui uma semana eu vou te ligar.

— Olha, eu trabalho... Não posso deixar o certo por uma tentativa frustrada... Então, se você vai mesmo me conseguir alguma coisa, que seja verdadeiro, porque provavelmente eles não vão me permitir ficar uma semana sem trabalhar para fazer um teste num clube de futebol — ainda relutei, mas aceitei a oferta.

Uma semana depois, o professor Cidinho me telefonou e disse que era para eu me apresentar no São Paulo na terça-feira seguinte. Como previa, não me liberaram na empresa para participar do teste. Então decidi faltar.

— Você vai procurar um cara que se chama José Carlos Serrão. Ele foi técnico no São Paulo, era jogador e é um dos diretores da categoria de base. Ele sabe que você vai, mas não diga a ninguém que foi indicação minha — orientou Cidinho.

Passei a primeira semana treinando e dormindo no alojamento do clube, que ficava bem debaixo da arquibancada do estádio Cícero Pompeo de Toledo. Ao fim daqueles dias, eles me pediram que retornasse na semana seguinte. Foi o que fiz. O que ouvi foi uma das melhores notícias que tive na vida! Eu mal podia acreditar.

— Você foi aprovado, garoto. Parabéns! Leva o seu RG na secretaria, que você vai ficar com a gente — disseram.

Eu, um menino magro e com bronquite, ainda assim consegui ingressar num dos maiores clubes de futebol do mundo! Era tanta alegria, que saí dali com o coração quase escapando pela boca. Eu não conseguia parar de agradecer a Deus. Também queria gritar para todo mundo ouvir: "Passei! Passei!".

Na primeira semana, treinei com os meninos da minha categoria, que era ainda juvenil. Eu corria de um lado para outro, mas quase nem tocava na bola. Na segunda semana, mudaram a minha divisão, subindo para os juniores — a que antecede aos profissionais. Lá, me dei muito bem, porque valorizavam um estilo um pouco mais cadenciado e técnico, por isso acabei me sobressaindo bastante. Tenho certeza de que se fosse hoje, não me deixariam nem treinar. Iriam me mandar de volta para casa para comer um pouco mais e voltar só depois de ganhar uns quilos.

VEIO SÓ PARA COMER?

Era bem verdade que alguns dos diretores me olhavam e perguntavam entre si:

— E esse menino de Campinas... ele veio só para comer?

Se isso me deixava triste, ao mesmo tempo fazia me voltar aos conselhos e ensinos do meu pai. Ele sempre dizia: "Filho, a última palavra é a de Deus".

Essa afirmação entrou em meu coração de tal forma, como régua para qualquer caminho que imaginei estar frustrado. Muitas vezes, ouvimos palavras que nos machucam; frases que chegam ao nosso peito e ouvidos com a mesma força de dardos inflamados e envenenados. Ditas, propositalmente ou não, acabam nos ferindo e nos fazendo desacreditar em nosso potencial. No entanto, quero deixar um conselho: creia de todo o coração que todos nós somos potências nas mãos daquele que nos criou.

Há quem escute coisas sobre ser gordo ou magro demais; sobre a cor da pele ou mesmo a altura; sobre a origem, seja Campinas, Salvador, Catolé da Rocha ou Nazaré. Nada disso pode definir o que

“

Filho, a última palavra é a de Deus.

somos ou o que seremos. Quando trabalhamos com determinação e colocamos a nossa ansiedade e temor diante de Deus, ele cuida de nós, abrindo caminhos onde não existem. Ele fez um garoto do interior, doente, magricela e franzino, vestir a camisa 10 da maior seleção de futebol do planeta.

Por acreditar no que meu pai me ensinou, era difícil me abater. Enquanto treinava com os juniores, eu me empenhava com toda a energia. Passava a semana no clube e retornava aos fins de semana. No dia da volta, eu contava com a ajuda de um motorista de uma empresa de frete, o Novaes.

— Entra no ônibus e fica lá no fundo, quietinho. Sempre tem um lugar sobrando — ele me aconselhava, enquanto saía de um bairro ao lado do meu e fazia o trajeto de Campinas até São Paulo, levando trabalhadores até o centro empresarial na região de Santo Amaro, que fica na zona sul de São Paulo.

No percurso, ele me deixava próximo ao Palácio do Governo paulista, um imponente prédio construído no Morumbi, também na zona sul. Eu saltava ali e descia para o estádio do São Paulo, depois caminhava mais uns dois quilômetros até onde treinávamos. Graças a essa carona, conseguia economizar, e, todos os fins de semana, podia estar em casa com minha família.

Quando tinha jogos oficiais, o senhor Firmo de Melo, que era nosso treinador, passava a escalação e os suplentes do banco de reservas. Os que não haviam sido mencionados tinham folga e os relacionados seguiam com o clube para os jogos.

No começo, não tive vida tranquila. Encontrei um time muito bem arrumado pelo professor Firmo e, geralmente, eu me contentava em estar relacionado, ainda que tivesse de esperar na reserva. Isidoro, um titular da posição em que eu jogava, era um grande atleta; além de habilidoso, era um garoto responsável e muito determinado. Por isso, em algumas partidas, eu sequer era convocado como reserva. Mas isso não me deixava desanimado: pegava minha mala e saía cantarolando, de volta para casa. Na semana seguinte, estava eu lá, treinando duro até que as oportunidades começaram a surgir. Com o tempo, finalmente, passei a ter presença garantida na lista dos jogos.

VOCÊ NÃO VAI JOGAR!

Era fim de ano, o segundo daquele início de carreira. Todos estávamos apreensivos, porque nessa época saía a lista da dispensa dos jogadores. Era muito triste ouvir os nomes dos que iam sendo liberados, já que o convívio no alojamento era sempre muito bom. Dividíamos as tarefas cotidianas, revezávamos na cozinha, organizávamos o trabalho com disciplina, como uma grande família. Então, ter de nos despedir de um colega era dolorido, ainda mais naquela fase da vida, no final da adolescência.

Mas a rotina no clube seguia sem tempo para lamentações. Era uma manhã ensolarada, de um dia que prometia ser muito quente em todos os sentidos. Tínhamos um jogo em Sorocaba, no interior paulista, e nos preparávamos para a viajem com a equipe de juniores do São Paulo. A animação era geral entre os jogadores.

Pegamos a estrada e, logo que chegamos, fiz o costumeiro reconhecimento e parti animado para o vestiário. Ao correr o olhar para os meus objetos de uso pessoal, minhas chuteiras e caneleiras, percebi que estavam junto à camisa oito, entre os uniformes dos titulares. Aquilo significava que eu começaria já na partida, o que mostrava que minha permanência no time era quase certa. Fiquei todo feliz e fui logo me vestindo e me concentrando.

Quando o nosso técnico entrou e me viu arrumado, pronto para entrar em campo, diante de todo o time, disparou:

— Quem mandou você trocar de roupa?

— Professor, eu só me troquei porque minha chuteira e minha caneleira estavam aqui...

— Pois tire. Você não vai jogar! — gritou, sem poupar palavras.

Naquele dia, nem no banco de reservas ele me colocou. Foi uma humilhação tão grande, que eu perdi o chão.

Não demorou muito, tomei conhecimento de que ele havia descoberto que minha entrada no São Paulo fora uma indicação do professor Cidinho. Como havia uma desavença entre os dois, talvez aquela tenha sido a forma de me punir por nunca ter contado a ele os caminhos que me levaram ao teste no clube.

Fiquei muito arrasado e quis sair de lá direto para a rodoviária, mas meus companheiros de time foram atrás de mim e me orientaram a ficar calmo. Assim, voltei com a delegação para o clube, mas permaneci cabisbaixo e desanimado. Quando tive minha primeira folga, retornei para casa decidido a abandonar o Tricolor do Morumbi.

Depois de muito resmungar e amargar aquela humilhação, decidi me aconselhar com o Eli Carlos. Naquela época, tínhamos um contrato com o clube, que dizia que, se rescindíssemos, ficaríamos ao menos um ano sem poder retornar.

— Não, não. Não faça isso. Não deixe o clube. Você vai fazer duas coisas: procurar o seu treinador e questionar o que você fez de errado. Explicar que não está ali para errar, mas que quer acertar. E, a segunda, você vai treinar dobrado. Dedique-se ainda mais e siga sua vida.

CONSELHO DE OURO

Quando o Eli falava, eu ouvia e obedecia. Assim, voltei para o São Paulo disposto a arranjar forças que nem eu sabia que tinha. No livro bíblico de Provérbios, no capítulo 13, há diversas lições preciosas sobre os bons conselhos, como o que está no versículo 14, que diz: "O ensino dos sábios é fonte de vida para desviar das armadilhas da morte".

Não tive coragem de questionar meu treinador, mas, calado, treinei como nunca. Até que surgiu outra oportunidade, um jogo contra o Guarani, na minha cidade. Naquele dia, meus amigos mais próximos e minha família assistiam da arquibancada, no Brinco da Princesa, tradicional casa do Bugre. Dependíamos apenas do empate, mas saímos na dianteira. Quando o placar mostrava um a um, recebi a bola e, usando velocidade, habilidade e muita determinação, driblei boa parte dos adversários, o goleiro e toquei suave para as redes. Um golaço que selou minha permanência.

O nosso preparador físico, Walter Maffei, que é um amigo muito querido até hoje, foi quem me segurou no clube. Ele dizia para o diretor, o senhor Francisco Vidigal:

— Não deixa o seu Firmo mandar o Silas embora, porque se mandar, ele vai aparecer no Palmeiras amanhã. Os *caras* do Palmeiras vão levar ele pra lá, tenho certeza — dizia, já sondando o cenário.

CARREIRA METEÓRICA

Depois disso, minha carreira foi meteórica. Veio a Copa São Paulo, e lá me destaquei como um dos melhores jogadores do torneio, além de ganhar, por quatro vezes, como o melhor jogador da partida. As coisas iam acontecendo mesmo com muito cansaço, pois eu me esforçava intensamente. Mas estava disposto a aprender e, principalmente, confiava em Deus. Ninguém transforma um sonho em meta apenas desejando. É preciso criar um caminho. O meu foi trabalhando dobrado, aprendendo com humildade e colocando todos os meus planos diante de Deus em oração.

Sr. Alberto, pai do Silas.
Crédito da foto: Arquivo de família.

CAPÍTULO 3

UM LEGADO PRECIOSO

MEU PAI ERA UM HOMEM ALTO, FORTE E COM UM CORPO alargado. Tinha as feições de um indígena, um *bugrão*, como era chamado, e a voz forte, feito um trovão. Quando eu saía para trabalhar na DPaschoal, logo cedinho, ele já havia acordado e estava de joelhos no quarto. Muitas vezes, ele se levantava ainda mais cedo, por volta das cinco horas da manhã, para orar.

A vida de oração do meu pai era um dos fundamentos que ele mais prezava e que permaneceram em minha memória daqueles dias em Campinas. Ele intercedia pelo novo tempo que viria e, em especial, por nós, seus filhos. Meu pai cuidou de nós com um heroísmo raro de se ver hoje em dia e com a dedicação de um verdadeiro crente fiel que era. Ele possuía um senso de missão que fazia com que fôssemos prioridade em tudo e se preocupava muito, em especial, com o Eli Carlos e a vida que passou a ter quando o futebol e o sucesso tomaram conta dos seus dias.

Devido às escolhas do Eli, meu pai não ficou tranquilo quando eu e Paulo começamos a nos interessar em seguir o caminho da bola, ainda que nunca, em momento algum, ele tenha deixado de nos apoiar. Dizia que nossa prioridade deveria ser buscar a Deus antes de qualquer outra coisa na vida. E, de fato, meu temor ao Senhor era o horizonte em tudo o que eu fazia e ainda faço.

UM POSICIONAMENTO FIRME

As escolhas do meu pai eram Deus, os filhos e o trabalho. Mesmo após muitos anos do falecimento da nossa mãe, não me recordo do *seu* Alberto ter iniciado outro relacionamento amoroso. Houve um, pelo que sei, mas tão breve, que nem chegamos a conhecer muito bem sua namorada. Talvez a tenhamos visto uma ou duas vezes, e eu nem consigo me lembrar das feições ou do jeito dela. Ele, por alguma razão, manteve seu coração adormecido para um novo casamento, dedicando-se a uma vida de intercessão.

Em muitas manhãs, ele nos acordava nos beliches onde dormíamos para orarmos todos juntos. E se hoje eu tenho o hábito da oração diária, foi por causa dos ensinos desse homem, que além de um pai supridor, um encorajador sábio, também foi um profeta em nossa vida.

Decepcioná-lo era algo que eu não queria de modo algum, ainda que, quando somos jovens e adolescentes, possamos magoar nossos pais devido à imaturidade juvenil. Isso aconteceu algumas vezes. Numa delas, eu e o Paulo fomos até um bairro vizinho, onde acontecia um ensaio de escola de samba. Nesse dia, ele saiu com a Raquel, Agar e Sara à nossa procura pelas ruas. Quando retornamos, tivemos de encará-lo, e não foi nada fácil enfrentar aquele homenzarrão. Ele nunca foi um homem de bater nos filhos por qualquer rebeldia nossa, mas tinha umas sandálias feitas de pneu de caminhão que usava para disciplinar quando necessário. E, naquele dia, descobrimos a diferença que sandálias emborrachadas com pneu de caminhão podem proporcionar nas nádegas de quem não entende os limites.

Mas nem foi esse o dia que mais me doeu. Certa vez, quando eu estava de saída para o trabalho, eu o vi soluçar e orar ao mesmo tempo. Aquilo me preocupou de tal forma, que eu fui checar o que estava acontecendo. Empurrei a janela do quarto dele e o vi com os olhos lacrimejados, com um jeito de quem tinha chorado muito enquanto fazia sua conversa matinal com Deus.

— O que aconteceu com o senhor, pai?

— Nunca ninguém me envergonhou tanto na vida como você fez ontem — disse olhando para mim com mais tristeza que raiva.

No dia anterior, eu havia saído de bicicleta para ver uma antiga namorada, no bairro próximo de casa. Eu era ainda bem menino, tinha, talvez, uns 14 anos de idade apenas. No caminho de volta, encontrei alguns amigos que estavam num bar. O pai de um deles era o dono do local e estava comemorando seu aniversário. Ele me serviu uma caipirinha de vodca.

Eu não sabia o que era aquilo, achei docinho e saboroso, como um suco de frutas qualquer, e bebi. Não demorou muito para eu tontear. Voltei para casa trôpego e passando mal, com o mundo girando sem parar, e meu pai ficou profundamente tocado e magoado com aquela cena. Eu senti saudades do chinelo de sola de borracha de pneu de caminhão. Qualquer surra me doeria menos que ver nos olhos do meu pai a decepção comigo como foi naquele dia.

MOTIVO DE ORGULHO E PREOCUPAÇÃO

Eu e meus irmãos fomos jogadores de futebol e sempre tivemos o apoio e incentivo de nossa família. Minha mãe só conseguiu ver os primeiros passos do Eli Carlos em sua caminhada para se tornar um profissional do esporte. Já meu pai pôde acompanhar o início de sua carreira, seus sucessos, sua fama na televisão e nos campos; sua ascensão como atacante autor de belíssimos gols pelo Guarani, Comercial, Coritiba, Cruzeiro e Flamengo. Quanto a mim e o Paulo, meu pai viu apenas o início — somente o germinar, não o florescer.

Meu irmão gêmeo fez seu caminho pelo São Bento de Sorocaba, atuando como zagueiro — posteriormente, seguiu uma linda carreira em times do exterior, como México, Portugal e Itália —, enquanto eu treinava pelo São Paulo como meia-atacante. Em uma ocasião, os dois times se enfrentaram e o Careca, ídolo do Tricolor e, mais tarde, da Seleção Brasileira, reclamou comigo.

— Ó, seu irmão, hein! Fala que é atleta de Cristo e me deu pancada o jogo inteiro! Que atleta de Cristo é esse?

— Você queria o quê? Carinho? — eu respondia, devolvendo a provocação ao Careca.

Paulo era o mais alto dos irmãos: 1,86 m de altura. Sua habilidade e porte físico o fizeram se destacar na posição. Foi para mim um companheiro de anos, por isso eu sempre estive disposto a colocar a mão no fogo por ele. Eu conhecia seu coração: tão gigante, sonhador e sensível, que era como se ele achasse possível colocar São Paulo inteira dentro de Campinas. Queria sempre ajudar quem necessitasse e era o queridinho das minhas irmãs. Até hoje, o Paulo cuida e se preocupa com a nossa família; é um irmão presente, um tio, pai e avô amoroso, um servo de Deus, homem de oração e um exemplo para mim.

Já eu era um pouco mais franzino, com 1,78 m de estatura, mas depois de ter me curado da bronquite, e com muito treino, desenvolvi uma capacidade física bem competitiva. Tinha um fôlego invejável, então eu dava uma disparada e me recuperava muito rápido. E o que eu fazia? Repetia a dose. Dava um, dois... Às vezes, eu dava um pique no vazio, para o adversário me seguir, porque eu sabia que, no terceiro, ele não conseguiria se recuperar para o quarto ou,

“

Ó, seu irmão, hein!
Fala que é atleta de Cristo
e me deu pancada
o jogo inteiro!

no quarto pique, eu já estava na frente, sozinho, e o jogador do outro time ficava para trás.

Quantas vezes o treinador oponente teve de tirar o jogador porque ele não aguentava mais me acompanhar! Ou, então, acontecia de o adversário chegar atrasado na marcação e ter de fazer a falta em mim. Ele tomava cartão amarelo e ficava pendurado, obrigado a jogar com mais cautela. Isso tudo era estratégico para conseguirmos superar os outros times.

Todos nós éramos, ao mesmo tempo, orgulho e preocupação para o *seu* Alberto. Meu pai viu minha ascensão aos profissionais. Eu tinha participado de um jogo contra o Atlético Mineiro, no estádio do Pacaembu, e, logo na sequência, participei de uma competição em Londrina, chamada Torneio do Café. Tudo isso ainda enquanto estava nas categorias de base do Tricolor do Morumbi. Num desses jogos preliminares, enfrentamos o time do Juventus, muito tradicional e querido em São Paulo, e o clube da Mooca, um bairro de imigrantes italianos na zona leste da capital paulista. Eu recebi a bola e chutei, de longe, encobrindo o goleiro. Um golaço. A bola bateu no travessão e quicou dentro da marca de cal.

— Terça-feira você se apresenta aqui no profissional. Mas na próxima vez que você fizer um gol desse aí, não sai correndo para comemorar antes de a bola entrar. Já vai lá para a área conferir, porque ela pode bater na trave e dar rebote — foi assim, segurando o meu braço, que o professor Cilinho, então técnico dos profissionais do time do São Paulo, anunciou que eu havia sido promovido.

Otacílio Pires de Camargo, o Cilinho, foi um dos mais conhecidos treinadores do São Paulo. Ficou no clube entre 1984 até 1989 e se tornou uma espécie de pai para mim. Foi sob sua prancheta que nasceu um grupo de atletas que se tornou "Os menudos do Morumbi" e que conquistaria uma sequência de títulos pelo São Paulo. Éramos muito novos, promovidos da base, numa época em que o grupo porto-riquenho liderado por Rick Martin fazia um estrondoso sucesso no Brasil. Eles, assim como nós, eram jovens e talentosos. Como morávamos no Morumbi, assistíamos a diversos ensaios dos Menudos — até já arriscamos umas coreografias ao som de "Não se reprima". Dessa forma, eu, Müller, Sidney, Vizolli, com os veteranos Niltinho e Careca, ganhamos o apelido que nos segue até hoje. E nos divertíamos com isso.

Era o final de 1984 e eu estava extasiado. Chegar em casa e contar ao meu pai e toda à minha família que eu era, enfim, um profissional, foi uma grande conquista, um sonho que se realizava. Assim o fiz, e o *seu* Alberto, sem esconder a emoção, vibrou e celebrou comigo demonstrando muito orgulho de mais um filho alcançar a vitória há muito perseguida. Essa conquista o deixou visivelmente emocionado. E eu expressei a minha gratidão a ele, que acompanhou cada um dos meus primeiros lances e me instruiu sobre a fé em Deus e a ser um homem íntegro. Das lições que me ensinou, eu guardo duas em especial, que ele sempre me repetia e que ficam tilintando em meus pensamentos todos os dias como um ressoar de um sino ou um alarme no celular que nos lembra das tarefas. Além da clássica frase "Deus sempre tem a última palavra em qualquer situação", ele também dizia: "Você não precisa assinar um documento para cumprir sua palavra". Diante das decisões da minha vida, essas duas frases são como tatuagens em minha memória.

Seu Alberto viu o início do meu sonho, seguindo os passos do meu irmão Eli Carlos; viu as primeiras chances que surgiram e minha pressa adolescente. Ele me orientou, por diversas vezes, a esperar em Deus e não deixar de lado meus propósitos e compromissos. Meu pai também comemorou comigo o convite para fazer parte da base do São Paulo, quando o professor Cidinho me indicou, assim como viveu os momentos mais complicados, quando cheguei a pensar em desistir de tudo. Foi a sua oração contínua, pelas manhãs, que me sustentou. E quando a vitória da promoção para os profissionais chegou, também foi comemorada na nossa comunidade de fé, a Igreja do Nazareno, e celebrada pelos amigos e vizinhos. Eu me lembro bem do sorriso satisfeito do meu "velho".

UM AVC

Dias depois de ser promovido, fui convocado para jogar pela Seleção Sub-20 do Brasil. Era o torneio sul-americano, disputado no Paraguai, que serviria como classificatório para o mundial, que ocorreria na Rússia, no segundo semestre, e eu embarquei naquele início de janeiro de 1985. Participamos dos jogos, e a Seleção avançou para a final, contra os donos da casa. Era uma sexta-feira e disputaríamos o jogo decisivo em cinco dias. Eu dividia o quarto de hotel com o Neto — José Ferreira Neto —, ídolo do Corinthians e hoje também comentarista de futebol, e o Tosin — Paulo César Tosin —, que era volante do Guarani. Naquela noite, 25 de janeiro, virei para eles e disse: “Meu pai faleceu, estou sentindo isso”.

De fato, ele não estava bem nos últimos meses. Já havia passado por internações e sofria de algumas comorbidades, como o diabetes. Uma semana antes, mesmo sem eu saber, ele havia passado mal e sido internado na Casa de Saúde, em Campinas. Coube ao meu cunhado Ildo, esposo de Agar, levá-lo. Meu pai tinha 75 anos, olhou para meu cunhado e avisou:

— Não quero dar mais trabalho.

Naquela sexta-feira, no dia em que senti esse aperto no peito, ele foi acometido por um AVC e descansou em Deus. Eu não fui avisado. Alguém, na Confederação Brasileira de Futebol (CBF), entendeu que era melhor me poupar. Então segui com os treinos e joguei a final no dia 30 de janeiro.

Quando retornei ao Brasil, desci em São Paulo e, com Tosin, peguei um táxi para Campinas.

— Tosin, meu pai morreu — eu disse, com convicção.

— De novo, Silas? Para de pensar besteira!

Cheguei e logo fui ao restaurante da minha irmã. Ela me recebeu e nem tocou no assunto. Meu cunhado me levou para casa e, lá, encontrei meu outro cunhado, o José Francisco, esposo de Raquel. Depois de nos cumprimentarmos, perguntei:

— O Paulo está bem?

— Está sim.

— E a Noemi, como está?

— Está bem também.

— E o pai?

— Seu pai foi internado. Melhorou por um tempo, mas sofreu um AVC e não resistiu. Ele faleceu, Silas.

Fui até o quarto e vi o Paulo, que dormia. Acordei-o, conversamos um pouco, então desabei em lágrimas.

Desde então, não há mais a voz encorpada de *seu* Alberto atravessando as paredes do quarto de dormir na rua César Ladeira. Nem suas súplicas, de joelhos, clamando pela vida de cada um dos filhos. Não há mais seu jeito firme e doce, vestido num terno e gravata marrom com colete, com tanta elegância e cuidado.

Meu pai não pôde ver a sequência do ano de 1985 nem da minha carreira profissional. Como minha mãe, que não desfrutou da conquista da casa nova, meu pai também não pôde se alegrar com as conquistas que viriam, e vieram como uma locomotiva rápida, daquelas que ele estava habituado a ver enquanto trabalhava na estação de trem. Nem, sequer, conheceu minha futura esposa.

Aprouve a Deus que fosse assim, e eu sou grato por cada dia vivido ao seu lado. Se a falta me atravessava o peito, Deus foi providenciando consolo e sustento em todos os momentos.

Naquele ano tão dolorido e, também, com os desafios e alegrias, duas pessoas entrariam em minha vida como suporte para todos os anos que se seguiriam a partir dali. O primeiro foi o professor Cilinho, meu primeiro técnico profissional. A segunda seria a mais importante de todas: Eliane, minha futura esposa e mãe dos meus filhos. Eu a conheci um mês depois da morte do meu pai.

Silas e Müller com
Lucas Neto (repórter da Rede Globo).
Crédito da foto: Autor desconhecido.

Silas e Paulo Roberto Falcão em treino
da Seleção Brasileira em 1986.
Crédito da foto: Autor desconhecido.

PARTE 2

FRONTEIRAS

UM CARRINHO DE LANCHES E UM PEDIDO DE CASAMENTO

A MOÇA DOS CABELOS COR DO SOL

A PRIMEIRA VEZ QUE VI ELIANE, ELA ESTAVA AGUARdando o ônibus Centro-Jardim das Oliveiras, uma linha que passava na avenida Francisco Glicério, em frente à comunidade de fé que eu frequentava desde bem criança, a Igreja do Nazareno Central de Campinas. Ela usava um vestido comprido e segurava um exemplar da Bíblia nas mãos. Eu a olhei e meu coração bateu de um jeito parecido com a sensação que tinha quando esperava uma convocação para jogar pela Seleção Brasileira ou quando ficava à beira do gramado, no banco de reservas, aguardando o técnico chamar meu nome para entrar em campo. Pensei em voz alta: "Se aquela *loirinha* me der uma chance e aceitar me namorar, eu me caso com ela".

Poucos dias depois, voltei a encontrar aquela moça que havia capturado meus pensamentos. Soube que ela também era membro da nossa igreja e frequentava a classe de escola bíblica dominical, que era ministrada por minha irmã Agar e o Ildo, meu cunhado. De tradição familiar católica romana, havia pouco tempo que Eliane tinha começado sua caminhada na fé evangélica. A conversão dela se deu por intermédio do seu irmão mais velho, que chegou aos cultos na Avenida Francisco Glicério por influência da esposa e sua família.

Nessa época, ela tinha 17 anos de idade e eu era um ano mais velho, estava com 18. Assim que entrei na sala de aula e trocamos olhares, eu percebi que ela também se encantou comigo. Naqueles dias, eu estava um pouco ausente dos cultos e das atividades da igreja. Até costumava ir, mas não assiduamente. Porém, desde que a vi, passei a estar mais presente em todas as ocasiões que podia. De alguma forma, aquela moça de cabelos dourados e Bíblia nas mãos me resgatava, outra vez, para aquele ambiente tão importante na minha formação como ser humano.

Eliane, além de frequentar as aulas bíblicas na escola dominical, também fazia parte do coral e se envolvia no que era possível nas atividades da igreja. Não demorou muito para começarmos a conversar com mais intensidade, mas nossa amizade se fortaleceu mesmo durante um retiro de Carnaval, em fevereiro de 1985.

Lá falamos sobre nossas vidas, sonhos e famílias. Eu havia acabado de perder meu pai e isso ainda me doía muito. Ela me contou que, tal como eu, era órfã de pai, que havia falecido quando ainda era bem pequena, com apenas 8 anos de idade.

Nas muitas conversas e afinidades, fomos percebendo que havia um sentimento maior nos enlaçando. Em julho daquele mesmo ano, decidi ir até a casa dela conversar com seus cinco irmãos e sua mãe. Eles já estavam informados sobre mim; sabiam que eu era um atleta do futebol, que jogava na categoria de base do São Paulo e que, muito provavelmente, logo seguiria uma carreira pelos clubes no país ou até mesmo fora dele. E nada disso os deixava felizes ou confortáveis.

Ser um jogador de futebol não era um bom currículo para apresentar como pretendente à mão de uma distinta e linda mocinha. A imagem que se tinha dos futebolistas era a pior possível: uma pessoa sem compromisso, que colecionava namoradas, frequentava bares e não respeitava as suas mulheres. Uma reputação que foi construída no imaginário das pessoas até mesmo pelo mau exemplo de diversos outros jogadores, que se perderam em noitadas sem fim, nos vícios, na vida desregrada e nos muitos casamentos ou relacionamentos.

Era tudo o que minha futura sogra e meus cunhados não queriam para a Eliane. Coragem eu tinha para mostrar que poderia fazer diferente; então decidi encarar o desafio como enfrentava qualquer tipo de marcador diante de mim: com bastante habilidade e certeza do que eu queria, sem titubear em relação ao meu objetivo. E o que eu queria era estar perto da Eliane e passar a minha vida com aquela moça de cabelos cor do Sol, por quem eu me apaixonava mais a cada vez que a encontrava.

Com a bênção de sua família, começamos o namoro em julho de 1985. Nossa vida se resumia a passeios curtos, por nossa cidade mesmo, e à assiduidade aos cultos dominicais. A vida de atleta não me possibilitava muito tempo disponível para viagens ou encontros mais longos, pois eu estava cada vez mais envolvido nos treinamentos, jogos, reuniões e vendo todas as oportunidades se abrindo diante de mim na velocidade da luz.

Aquele ano de 1985 marcava minha vida de forma singular. O que começou com uma dor terrível, que foi o falecimento do meu pai logo no primeiro mês do ano, seguiu para o encontro com a mulher da minha vida. Deus cuida de cada um de nós e eu, que sempre ouvia isso durante as pregações do nosso pastor Aguiar e do meu pai também, aprendia na prática como é reconfortante dobrar os nossos joelhos e ter a convicção de que Deus ouve nossas aflições e sabe de tudo, absolutamente tudo de que precisamos.

PASTOR AGUIAR E UM PEDIDO INUSITADO DE CASAMENTO

Aguiar Valvassoura, hoje pastor emérito da Igreja do Nazareno em Campinas, é um homem de inteligência rara, dedicando-se a horas de leitura todos os dias. São cerca de cinquenta e cinco anos no ministério pastoral, no qual cuida e cuidou de milhares de pessoas. Para Eliane, minha esposa, ele era o pai que ela pôde ter, porque foi na figura dele que se apoiou, aprendendo com um homem íntegro, de valores inegociáveis e de uma sabedoria ímpar. Com sua simplicidade, acolhimento, olhar aguçado e largo, ela recebeu dele o cuidado paternal de que precisava.

A formação do pastor Aguiar foi por meio de um outro personagem central na nossa história, o então pastor Jaime Kratz, o mesmo homem que havia me batizado alguns anos antes, quando eu ainda era uma criança.

— Ame as pessoas e cuide da igreja. O resto, Deus faz — ele dizia ao pastor Aguiar, talhando sua forma de liderar.

O cuidado pastoral, seu amor e humor chegavam até nós, aquele jovem casal, que precisava de referências, apoio e direção.

Em 1987, pouco mais de um ano desde que iniciamos o namoro, decidi dar mais um passo no nosso relacionamento. Havia um lugar que eu e Eliane sempre frequentávamos para tomar lanche, aos domingos. Era um terreno grande, também na região central de Campinas, onde tinha um carrinho de hamburgueres e cachorros-quentes, tipo as lanchonetes drive-in dos filmes norte-americanos dos anos 1980, no melhor estilo *Karatê Kid* ou *Grease*.

“Se aquela loirinha me der uma chance e aceitar me namorar, eu me caso com ela”.

Estacionávamos, baixávamos um pouco o vidro, eles entregavam uma espécie de bandejinha para nós e comíamos dentro do carro. Numa noite, eu me revesti de coragem, levei um anel e a pedi em casamento ali mesmo.

No domingo seguinte, orgulhosos com o noivado, fomos ao culto, e mal sabíamos que passaríamos por uma experiência um tanto constrangedora. Havia um casal de amigos nossos, a Martinha e o Sena, que se preparava para um lindo momento diante da congregação. Martinha cresceu comigo na igreja e me viu aprontar muito por lá, como quando eu, menino, subia até o terceiro andar e atirava papel higiênico na cabeça das pessoas na calçada. Eu era o terror do *seu* Justino, o zelador.

Justino era pai do Amaral, que também foi jogador de futebol. Aliás, dos melhores. Craque pelo Guarani e pelo Corinthians, Amaral jogou como zagueiro na Copa do Mundo de 1978 e evitou dois gols da Espanha, tirando a bola espanhola em cima da linha do nosso gol. Porém, seu pai já não tinha a mesma habilidade e mal conseguia nos marcar em nossos piques infantis. Ele subia até o terceiro andar e já estávamos correndo pelo primeiro, rindo das travessuras sob os olhares, por vezes de reprovação da Martinha.

E foi ela que, naquele domingo, diante de uma comunidade admirada e comovida, trocou alianças de noivado com o Sena. Enquanto a cerimônia transcorria bela, com a oração do pastor e a presença das famílias, eu pensava e dizia entre os dentes para a Eliane:

— E eu pedi você em casamento numa barraca de cachorro-quente!

Mas, também, eu nunca havia pedido ninguém em casamento, nem mesmo sabia como deveria fazer. Hoje, nós nos divertimos muito com essa história, até porque não foi preciso muitas formalidades para garantir o fundamental, que era o nosso amor e a vontade de que as coisas dessem certo. Mas nosso pastor Aguiar não perdeu a chance de brincar conosco naquele dia.

— Parabéns, Marta e Sena. Vocês não fizeram como uns e outros... — disse, arrancando risos de todos.

Até hoje eu brinco com o pastor, quando o encontro:

— Puxa, pastor Aguiar, o senhor me quebrou aquele dia. Eu fiquei com a maior cara de "gol contra".

Poucos meses após o noivado, ele me chamou para uma conversa bem séria em seu gabinete.

— Você gosta dessa menina para se casar mesmo?

— Sim, pastor. Eu gosto e quero me casar com ela. Por quê?

— Você tem muita sorte; ela gosta bastante de você também. Gosta e quer se casar. Você não precisa esperar muito para isso; já tem o apartamento cedido pelo clube. Enfim, eu tenho uma data aqui... setembro deste ano (era 1987). Escolha o melhor dia.

Eliane sempre foi alvo do cuidado do pastor Aguiar, e era o xodó dele. Depois daquela conversa, decidimos agendar o nosso casamento para o dia 25 de setembro de 1987.

RECÉM-CASADO E JÁ EM CAMPO

Era uma sexta-feira e o ônibus do São Paulo estacionou diante de nossa igreja, em Campinas. O elenco todo foi prestigiar a cerimônia e depois retornaram para a concentração. No dia seguinte, teríamos uma importante partida pela frente. Enfrentaríamos o Palmeiras, no estádio do Pacaembu, pela Copa União, que seria o equivalente ao Campeonato Brasileiro atualmente.

Eu permaneci em Campinas, passei aquela noite com Eliane e, na tarde seguinte, já me apresentava para o jogo. O pessoal, ao me ver, achou graça e fazia piada de que, depois de me casar, em vez de ficar com minha esposa, fui passar a noite com o Bernardo, o volante do nosso time.

Naquela noite, sob comando do professor Cilinho e arbitragem de José Roberto Wrigth, nosso time entrou em campo com Rojas, Zé Teodoro, Adilson, Darío Pereyra, Ronaldão, Bernardo, Pita, Müller, Lê, além desse recém-casado aqui. O clima festivo logo mudou quando o Darío acertou o Adalberto na entrada do lado esquerdo da grande área. Rojas ainda quase defendeu, mas Edu, o camisa 10 deles, acertou o chute.

“

E eu pedi você em casamento numa barraca de cachorro-quente!

Pouco depois, Pita, aos trinta minutos do primeiro tempo, acertou um chute forte no canto direito do Zetti, ao cobrar uma falta, e igualou a partida. Mas aos vinte minutos do segundo tempo, numa jogada ensaiada, o Palmeiras voltou a ficar na frente com o Gerson Caçapa, aproveitando o rebote do belo chute do Mauro, que acertou o travessão.

Após essa partida, fomos dispensados e eu ganhei três dias. Aproveitei e fui com Eliane para Campos do Jordão, onde ficamos até a terça-feira seguinte, quando me reapresentei ao clube.

Eu tinha, agora, minha própria casa. Depois de tanto tempo vivendo numa família numerosa e, depois, em alojamentos de clube, eu, enfim, possuía um lugar para começar a construir minha família. Quando consegui uma folga maior no calendário de jogos, já no final do ano, eu e Eliane nos dirigimos a Ubatuba, litoral paulista, para passar o que consideramos, de fato, nossa lua de mel. E fomos com outro casal recém-casados, o Jorginho e a Tina.

Jorginho, para quem não conhece, foi campeão do mundo pela Seleção de 1994 e um dos maiores laterais direito da nossa história. Ele, que já foi eleito o jogador mais leal do mundo pela Fifa, é uma pessoa a quem eu tenho a honra de chamar de amigo e irmão. Nessa caminhada de quatro décadas, desde que jogamos juntos pela Seleção, construímos muitas coisas juntos e compartilhamos momentos importantes da nossa vida.

Jorginho havia planejado viajar para Natal, mas topou a ideia de seguir para "Ubachuva", como ele passou a se referir à cidade depois da nossa viagem. E não foi por acaso, praticamente só choveu naqueles dias.

NOVA VIDA, NOVOS DESAFIOS E UMA MULHER DETERMINADA

A vida a dois sempre exige muito de cada um, mas para Eliane, logo de pronto, o preço foi muito alto, uma decisão difícil que ela entendeu ser a melhor. E, de fato, foi. Ela sabia que eu precisava de apoio e que minha rotina seria sempre um grande turbilhão, por isso optou por cuidar das coisas de casa e me ajudar no que fosse preciso, abdicando de uma vida profissional e até acadêmica para me acompanhar. Determinada, ela sempre afirmava: "Se um dos dois precisa estar ausente de casa por causa do trabalho, o outro precisa ficar. Se os dois decidem viver dessa maneira, não há como manter um lar". Era, sem dúvida, uma demonstração de amor e zelo, raros nos relacionamentos de hoje, e eu sou eternamente grato a ela por seu amor e coragem.

Vivemos os primeiros oito meses de casamento em São Paulo, até que chegou uma proposta para jogar fora do país, um convite para Portugal. Já não era fácil para ela viver na capital paulista, ainda que estivéssemos a cerca de 100 quilômetros de Campinas, apenas. Eliane sempre foi mais tímida, calada. É a caçula de sua casa e se viu sozinha, muitas vezes, enquanto eu precisava viajar para os jogos. Atravessar o Oceano Atlântico exigiu dela força ainda maior — um senso de missão que só tem quem ama. E ela o assumiu mesmo sentindo-se desconfortável.

Minha amada esposa sempre se preocupou e cuidou de tudo. Em todos os lugares para onde nos mudávamos, a primeira coisa que fazia era encontrar uma comunidade cristã para frequentarmos. Muitas vezes, vimos o que nós, crentes em Jesus, chamamos de a "mão de Deus" agindo em momentos cruciais. Um exemplo interessante foi quando chegamos ao Japão, anos depois, por volta de 1998.

Assim que Eliane e as crianças desembarcaram no país asiático, ela avistou, ainda no aeroporto, um homem que orava ao telefone. Chegou mais perto e percebeu que falava português. Então, conversou com ele e descobriu que se tratava de um pastor brasileiro, que vivia bem próximo de onde iríamos morar. Não tivemos dúvidas sobre esse cuidado do Senhor em nos conectar a um sacerdote de seu Reino logo em nossa chegada. Dessa forma, passamos a frequentar a igreja dele, o que foi muito importante para a nossa família.

Admiro o zelo e preocupação de Eliane em fazer de qualquer canto do mundo um lar onde podemos nos sentir bem e seguros. E olha que, no Japão, muitas vezes, enfrentamos até terremotos. Sou muito grato a Deus pela vida preciosa dessa mulher que Deus me deu.

UM CASAMENTO COM FUNDAMENTOS

O pastor Aguiar sempre ensinava que o casamento é capaz de suportar muitas coisas. Ele pode sobreviver à fome, à falta de dinheiro, de trabalho, a problemas na saúde. Mas um casamento não sobrevive sem amor: o fundamento que suporta as adversidades e nos reconecta um ao outro diante das maiores dificuldades. Por amor, nós nos entregamos e confiamos. E confiança é outra característica imprescindível num casamento. Quem costumava me dizer isso era o Taffarel, goleiro campeão mundial com a Seleção de 1994, meu amigo e irmão em Cristo. Ele sempre afirmava que a confiança é a alma de um relacionamento e que isso é uma construção diária. É preciso, ao longo da caminhada, estabelecer valores sólidos e demonstrá-los por meio de uma vida que honre a Deus em primeiro lugar, depois o cônjuge.

Eu sempre fui um porto seguro para ela; e ela, para mim. Eliane sempre soube que poderia contar comigo diante de qualquer adversidade da vida. Ao longo desses anos, procuro manter esse compromisso de amor e dedicação, e tenho em minha esposa uma confiança preciosa. Nunca tive dúvidas de que a encontraria quando voltasse para casa. Depois de dias cansativos fora do lar, ela permanecia de braços abertos para me receber e acolher. O amor dessa mulher fazia meus pés correrem mais rápido em direção ao gol adversário, assim como me faz permanecer em pé, diante das muitas entradas de marcadores implacáveis e desleais da vida. Ter essa companheira amorosa me trazia mais alegria a cada taça que levantava; a cada comemoração de gol. Nenhuma vitória foi só minha — como isso é bom!

Silas e Franco Baresi (zagueiro da Seleção Italiana) na Copa do Mundo de 1994.
Crédito da foto: Autor desconhecido.

NA LISTA PARA A
COPA DO MUNDO

BÍBLIAS EM MOSCOU, PASSANDO PELA REVISTA

LOGO APÓS CONQUISTARMOS O TORNEIO SUL-AMERICANO no Paraguai, nós nos preparamos para disputar o campeonato mundial Sub-20 de 1985, na Rússia, então capital da União das Repúblicas Socialistas Soviéticas, a URSS. Como equipe, estávamos animados e dispostos a dar o nosso melhor, honrando a camisa que vestíamos. Eu orava, agradecia a Deus e o questionava sobre como ele poderia me usar naquela oportunidade, além do esporte.

Eu sempre me dediquei muito em tudo o que fiz, e jogar futebol era um objetivo que tracei e alcancei. Porém, em todos os momentos, o que me guiou foi a consciência de quem eu era no mundo e qual era o meu papel. E o meu propósito não era ser um craque de bola apenas, e sim um cristão que apresentasse aos que estavam ao meu redor a razão da minha fé.

Muito se ouvia sobre a Rússia e aquele poderoso centro global. Na primeira metade da década de 1980, havia uma preocupação intensa sobre a liberdade religiosa nos países da região. O cristianismo não era bem-vindo por lá e, tão logo veio a confirmação da minha convocação, tratei de arrumar algumas Bíblias para levar na bagagem. A Imprensa Bíblica me presenteou com 25 exemplares, alguns deles em russo. Eu embalei e os coloquei na mala.

Ao chegar em Moscou, enfrentei o grande desafio, que era passar pela revista. Vi que eles conferiam minuciosamente as bagagens dos jogadores da Seleção Paraguaia, que chegou com a nossa. Eu tinha dividido, antes de embarcar, um pouco das Bíblias com o Dida, colega da Seleção e que jogava na lateral esquerda.

A verdade é que, de fato, havia um grande receio sobre o que poderia nos acontecer caso identificassem aquele material entre os nossos pertences. Eu tinha lido, pouco antes, um livro, que ficou muito famoso mundialmente: *Ivan – o soldado cristão que enfrentou o terror policial soviético.*[1]

---

[1] GRANT, Myrna. **Ivan**: o soldado cristão que enfrentou o terror policial soviético. 6. ed. Venda Nova/MG: Betânia, 1982.

Era a história de um soldado russo, que recebeu o apelido de Ivan. Um jovem cristão de 18 anos, como eu na época, e que serviu no Exército Vermelho. O relato conta como ele enfrentou perseguições e torturas físicas e psicológicas devido à sua fé, que não era aceita por seus superiores. Seu testemunho de resistência e perseverança, registrados nas correspondências que trocava com sua família, e que lhe custou a própria vida, gerou frutos dentro das fileiras do exército e inspirou muitos a entregarem suas vidas a Jesus.

Com essas imagens na cabeça, vi nosso grande livramento quando o agente de segurança soviético remexeu em nossas malas e não identificou os exemplares bíblicos em russo que levávamos. Nós estávamos diante de um grande milagre! Hoje damos risadas da situação, porque, se eu ficasse detido, o Dida me faria companhia na prisão.

Tínhamos um intérprete, chamado Alexandre, a quem eu dei uma das Bíblias. Um ano depois, quando estreei na seleção principal, na Hungria, ele foi até Budapeste testemunhar o quanto o Texto Sagrado lhe fizera bem e havia transformado sua vida poderosamente.

Taffarel

Alexandre não foi o único a ter a vida transformada naquela viagem. Éramos um grupo muito bom e, comigo, havia outros cristãos. Por isso, organizamos, no hotel, um momento de leitura bíblica. Participávamos eu, Jorginho, Bismark, Bebeto, Mazinho e um jovem e talentoso goleiro: Taffarel.

Taffarel vinha de uma família com forte tradição no catolicismo. Era um garoto simpático e muito gentil, do interior do Rio Grande do Sul. Logo nos tornamos amigos e compartilhávamos as coisas da vida e da fé. E eu lhe dei um daqueles exemplares das Escrituras, recebidos pela Imprensa Bíblica.

Muito religioso, Taffarel participava assiduamente conosco, mas foi percebendo que, diferentemente dos encontros que tinha em sua igreja, ali em Moscou ele encontrou um Jesus que se aproximava das pessoas, que conhecia o íntimo de cada um e se importava com elas. Percebeu um Deus que o ouvia e que não exigia nenhum tipo de intermediação de outras pessoas.

Ele me contou que foi a primeira experiência pessoal com Deus que teve na vida e sou muito grato por tê-lo ajudado a encontrar a verdadeira luz para os seus pés e lâmpada para seus caminhos.

Hoje, treinador de goleiros da Seleção Brasileira, campeão do Mundo pela seleção de 1994, Taffarel é um nome respeitado e querido em todo o país. Seu gesto erguendo as luvas de goleiro aos céus inspiraram e ajudaram milhares de pessoas a mudarem suas trajetórias de vida. É um companheiro nessa jornada que transcende o futebol e que diz respeito à vida que temos e queremos construir.

Uma premiação inesperada

Estreamos a Copa do Mundo Fifa Sub-20 na tarde de um sábado, em 24 de agosto de 1985, e ganhamos a primeira partida do nosso grupo, o B, contra a Irlanda. Vencemos os demais jogos contra a Espanha e Arábia Saudita. Avançamos para as quartas de final, num estonteante 6 a 0 sobre a Colômbia, e foi nesse jogo que marquei meu primeiro gol num mundial pela Seleção Brasileira. Enfrentamos a Nigéria na semifinal e avançamos com um placar de 2 a 0. Por fim, encaramos outra vez a ótima Seleção da Espanha.

Na tarde do sábado, dia 7 de setembro de 1985, poucas horas antes de irmos para o então Grande Estádio Central Lênin, hoje estádio Lujniki, a maior arena de futebol de Moscou e casa da seleção russa, eu estava no quarto do hotel orando a Deus. Tinha relido um pouco do livro sobre o Ivan e, enquanto lia a Bíblia, fui levado à história do rei Josafá, descrita em 2Crônicas 20.17-24:

> "Vocês não precisarão lutar nesta batalha. Tomem posições, permaneçam firmes e vejam o livramento que o Senhor dará, ó Judá e Jerusalém. Não tenham medo nem desanimem. Saiam para enfrentá-los amanhã, e o Senhor estará com vocês". Josafá prostrou-se com o rosto em terra, e todo o povo de Judá e de Jerusalém prostrou-se em adoração

“

Eu entendi que ele estava nos entregando aquela vitória, então não tinha como dar errado. Dessa forma, saí pelos corredores do hotel falando sobre o que havia acabado de ler:

— Hoje vamos ser campeões!

> diante do Senhor. Então, os levitas descendentes dos coatitas e dos coraítas levantaram-se e louvaram ao Senhor, o Deus de Israel, em alta voz. De madrugada, foram ao deserto de Tecoa. Quando estavam saindo, Josafá lhes disse:
> — Escutem-me, Judá e povo de Jerusalém! Tenham fé no Senhor, o seu Deus, e vocês serão sustentados; tenham fé nos profetas do Senhor e terão êxito. Depois de consultar o povo, Josafá nomeou alguns homens para que cantassem e louvassem ao Senhor pelo esplendor da sua santidade, indo à frente do exército com o cântico: "Deem graças ao Senhor, pois o seu amor leal dura para sempre". Quando começaram a cantar e a entoar louvores, o Senhor preparou emboscadas contra os homens de Amom, de Moabe e dos montes de Seir, que estavam invadindo Judá, e eles foram derrotados. Os amonitas e os moabitas atacaram os dos montes de Seir para separá-los para destruição e aniquilá-los. Depois de massacrarem os homens de Seir, ajudaram a destruir-se uns aos outros. Quando os homens de Judá foram para o lugar de onde se avista o deserto e olharam para o imenso exército, viram somente cadáveres no chão; ninguém havia escapado.

Ler que o desafio enfrentado por Josafá e o povo de Judá e de Jerusalém não foi superado pelos seus esforços, mas pela potente ajuda de Deus, trouxe tranquilidade ao meu espírito. Mesmo com todo o nosso empenho e preparo para enfrentarmos o que estava à nossa frente naquela noite, eu sabia que a palavra final era a do Senhor. E eu entendi que ele estava nos entregando aquela vitória, então não tinha como dar errado. Dessa forma, saí pelos corredores do hotel falando sobre o que havia acabado de ler:

— Hoje vamos ser campeões!

Depois de um jogo desafiador, com um gol do zagueiro Henrique, já na prorrogação, nós nos sagramos campeões invictos. O que eu não imaginava é que, além daquela vitória coletiva, eu seria eleito o melhor jogador daquele mundial! O curioso é que, mesmo após receber o troféu, não tinha me dado conta que havia recebido aquele título. Isso, porque fui o primeiro a receber a premiação e considerei que era o terceiro. Geralmente chamam nesta ordem: do terceiro até o primeiro. Desci, feliz, com meu troféu que achava ser de bronze, pensando que o Gerson ou o Henrique seriam premiados como melhores jogadores, ou, mesmo, o camisa 9 da Espanha, que era um excelente jogador. Os espanhóis me parabenizavam por ter recebido a bola de ouro, só que falavam em inglês e, nessa época, eu mal entendia o que diziam. Quando me dei conta, comecei a chorar de emoção.

DE OLHO NA COPA

Era final de abril de 1986, ano anterior ao meu casamento, e eu participava dos amistosos que definiriam o time que seguiria para a Copa do Mundo daquele ano, disputada no México e comandada pelo mítico treinador Telê Santana, que todos chamavam carinhosamente de mestre.

Durante os jogos preparatórios, ele testou diversos nomes de jogadores que se destacaram naqueles anos. E eram muitos, como Renato Gaúcho, Eder, Dirceu, Cerezo; além de outras estrelas, como Zico, Júnior, Falcão, Careca e Sócrates. Depois de muito depurar, ficou com uma lista de 30 pré-selecionados. Desses, apenas 22 seguiriam para a competição mundial.

O Brasil teve uma das suas mais elogiadas seleções de todos os tempos e saiu com uma base de escalação que tinha Carlos, Oscar, Falcão, Sócrates, Careca, Júnior, Zico, Edinho, Branco, Elzo, Alemão, Casagrande, entre outros.

A cada jogo-teste, a confiança só aumentava de que podíamos ter uma equipe competitiva, ainda que fossem muitos os problemas de ordem física e disciplinares enfrentados por Telê. Foram sete jogos, quatro vitórias, um empate e duas derrotas para as poderosas Alemanha e Hungria.

Foi em Budapeste, na Hungria, meu primeiro jogo, diante de mais de 70 mil pessoas. Toda a equipe sentia muito medo de que alguma lesão nos tirasse de vez dos planos do treinador e lhe facilitasse a escolha sobre quem levar e quem deixar.

“

Toda a equipe sentia muito medo de que alguma lesão nos tirasse de vez dos planos do treinador e lhe facilitasse a escolha sobre quem levar e quem deixar.

Numa quarta-feira, 30 de abril, viajamos para Recife, onde, no estádio José do Rego Maciel, conhecido como Arruda ou Arrudão, mais de 52 mil torcedores nos aguardavam para um jogo contra a então Iugoslávia, um antigo país socialista que existiu na região dos Bálcãs, na Europa, e que após diversas guerras se fragmentou, transformando-se em outras sete nações: Croácia, Bósnia, Eslovênia, Macedônia, Montenegro e Sérvia.

O time europeu era considerado uma espécie de Seleção Brasileira da Europa, isso quando a nossa seleção, então tricampeã mundial, encantava os gramados do mundo com seu toque mágico, seu futebol habilidoso, que ganhava o apelido de "futebol-arte". E logo os europeus mostraram a razão de carregarem sua fama. Depois de Zico abrir o marcador, com um gol de calcanhar após uma cobrança de faltas, o time iugoslavo empatou e virou a partida numa cobrança de penalidade máxima.

Nesse jogo, que entraria para a história como sendo a última partida em que Zico marcou gols pela Seleção Brasileira, o camisa 10 do Brasil fez os outros dois gols seguintes. O último foi um dos mais bonitos de sua carreira, em que ele driblou vários defensores e tocou, suavemente, para o gol.

— Olha o Zico na jogada, pessoal! *Tiroliro-lá, tiroliro-li...* golaço do Galinho! Pimba na gorduchinha! — gritava o narrador Osmar Santos da cabine de transmissão da televisão. Careca ainda faria outro lindo gol, deixando nossa situação no Arruda bem confortável.

Eu observava a nossa atuação satisfeito com o resultado, mas com um pouco de preocupação. Todos os dias, a imprensa dizia que meu nome estaria na lista de corte do time que seguiria para a Copa do Mundo. Isso, porque eu era muito jovem e estava ainda em formação. Entre tantos craques, a aposta era de que Telê optasse por um selecionado experiente. Mas, se todos os dias eu lia meu nome no jornal e os comentários das razões que me tirariam da Copa do Mundo, todos os dias também relembrava o que aprendi com meu pai: "A última palavra é a de Deus".

Do mesmo modo, eu seguia as lições do Eli Carlos, que me incentivava a trabalhar dobrado diante de toda e qualquer adversidade.

Atitude corajosa

Faltando cinco minutos para encerrar aquela partida em Recife, Zico sentiu uma contusão e pediu para sair. Ele se recuperava de uma recente lesão, uma entrada dura que recebeu no joelho durante uma partida contra o carioca Bangu.

Entrar no lugar do Galinho — como ele é conhecido —, que tinha acabado de fazer um *hat-trick*[2], com direito a golaços e num jogo amistoso já quase encerrando, não era a melhor forma de mostrar meu futebol e convencer alguém a ser convocado. Pelo contrário, entrar numa partida assim só colocaria em risco a minha integridade física, já que mal teria chance de tocar na bola ou tentar alguma jogada que impressionasse o treinador.

Contudo, quando Zico sinalizou a saída, eu pedi para entrar. Telê Santana então me colocou no lugar do Galinho e eu terminei aquela partida com toda a vontade que eu tinha em mim.

Do camarote, o então presidente da Confederação Brasileira de Futebol assistia a tudo com satisfação e gostou do meu empenho e disposição — assim como o mestre Telê Santana, que viu, no garoto que eu era, a vontade fundamental para quem deseja jogar numa Copa do Mundo. Ao fim do jogo, o presidente me abraçou e me confidenciou que havia conversado com Telê. Por causa daquela atitude corajosa, eu certamente estaria na relação final de convocados. Ainda restavam alguns amistosos e meses para sair a lista definitiva, mas eu não fiquei mais preocupado. Resolvi descansar e crer que Deus estaria cuidando de tudo.

O papel divino e a responsabilidade humana: cooperação no campo e na vida

Ali, naquela época em que eu acabava de deixar a adolescência e entrava na fase adulta, eu só tinha sonhos pela frente. Foram sete meses treinando, mesmo que a imprensa considerasse que eu seria

---

[2] O termo inglês *hat-trick* é associado a algo que ocorre sucessivamente três vezes. No contexto futebolístico, é quando um jogador marca três gols em uma mesma partida. [N.E.]

um dos cortados. Ainda assim, nunca pensei: "Já que não vou para a Copa do Mundo, vou relaxar e baixar o braço". Muito pelo contrário, eu continuei resiliente, treinando duro e dobrado, colocando-me à disposição do treinador e mantendo a minha concentração constante. Eu exercia a minha fé e meu trabalho, sem ficar de braços cruzados um só instante.

Sempre procurei saber como se comportavam os grandes nomes do esporte brasileiro e internacional — observava seu profissionalismo, determinação e empenho. Já sabia que talento não era tudo na formação daqueles que alcançavam grandes vitórias.

Oscar Schmidt, nosso maior jogador de basquete e que muitos chamam de "Mão Santa", sempre respondia, quando entrevistado, que de mão santa não tinha nada. O que havia era muita dedicação e suor, porque ele era um apaixonado pelo que fazia.

Da mesma forma, uma das lições mais valiosas que absorvi foi de outro ídolo do basquete, Michael Jordan. Sua busca incessante pelos próprios sonhos, perseguindo objetivos que vão além das expectativas convencionais, era inspiradora para mim. Nos momentos de alta pressão, Jordan se destacava pela sua capacidade de ser decisivo e não recuar diante dos desafios. Eu observava e procurava manter esta mentalidade em campo: a determinação. Jordan era disciplinado e possuía dedicação incansável nos treinos, independentemente dos resultados, num genuíno comprometimento. O ídolo do basquete norte-americano, talvez o maior nome de todos os tempos nesse esporte, conta que treinava todos os dias, ganhando ou perdendo, às seis da manhã, enquanto o ginásio ainda estava de luzes apagadas.

O que aprendi e procurei colocar em prática na vida pessoal e ao longo da minha carreira é que Deus está sempre disposto a nos abençoar e nos tornar vitoriosos, mas há uma parte que não compete a ele, e sim a nós mesmos: devemos ir ao limite do nosso talento com as disciplinas dos treinos. Como diz o texto bíblico de Josué, capítulo 1.9: "Não te mandei eu? *Esforça-te, e tem bom ânimo*; não temas, nem te espantes; porque o Senhor teu Deus é contigo, por onde quer que andares" (ACF, grifo nosso). E assim eu procurei fazer a minha parte, deixando Deus fazer a dele.

A CONVOCAÇÃO

No dia em que a CBF reuniu os jornalistas em sua sede para anunciar os convocados, eu estava de folga, em Campinas, com minha família, e fui fazer meu treino aeróbico costumeiro. Mesmo nos períodos de descanso, eu saía para correr e fazer os meus dez quilômetros. Quando eu estava saindo de casa, o nosso pastor chegou para acompanhar a convocação com todos que estavam reunidos ali. A torcida era grande; e nossa rua, a Cesar Ladeira, estava cheia, numa grande expectativa.

— Silas, você não vai ficar e assistir a convocação para a Copa? — perguntou o pastor logo depois que nos cumprimentamos.

— Não, pastor. Eu já estou na Copa do Mundo. Pode acreditar!

Quando voltei, a rua estava em festa. Parecia até o Maracanã em dia de clássico ou final de campeonato — todos eufóricos, davam-me os parabéns. Meu nome estava na lista de Telê Santana! As pessoas vibravam, e eu estava grato e animado.

Porém, em meu coração, havia uma tristeza: a de que meu pai não estava ali, ao meu lado, para celebrar e festejar minha convocação para a Copa do Mundo. Se estivesse entre nós, talvez previsse que eu seria convocado e com certeza estaria orgulhoso antes mesmo de o meu nome ser citado.

Dois anos antes, após defender a Seleção Paulista, meu pai me viu ser chamado para representar o país pela primeira vez, em 1984, quando me convocaram para disputar o Sul-Americano Sub-20 no Paraguai. Infelizmente, faleceu uma semana antes de eu retornar com a primeira medalha no peito pela Seleção.

Mas, naquele dia memorável de convocação, os vizinhos celebravam e a minha família também. Se a chance de se tornar um jogador profissional de futebol é de uma em um milhão, jogar na Seleção Brasileira é uma em 10 milhões. Um feito que encheu meus irmãos Eli e Paulo de orgulho; assim como minhas irmãs, que celebraram comigo aquele momento imensamente feliz.

“

Com 20 anos de idade, eu não sabia se estava mais feliz em jogar pelo Brasil ou pela oportunidade de conviver com Zico.

A COPA DE 1986

Zico, um referencial

Com 20 anos de idade, eu não sabia se estava mais feliz em jogar pelo Brasil ou pela oportunidade de conviver com Zico, o grande nome do futebol brasileiro naqueles anos. Eu mal me dava conta da responsabilidade que tinha, pois era o reserva do maior craque da Seleção Brasileira.

Carregava a confiança de, caso fosse necessário, entrar na posição daquele que levava consigo a magia da camisa mais respeitada do mundo. Deus guardou meu coração de toda pressão que pudesse me abater. Como está escrito na Bíblia, no texto de 1João 2.14: "[...] Jovens, eu escrevi a vocês, porque são fortes, a palavra de Deus permanece em vocês, e vocês venceram o Maligno".

Quando conheci o Zico, imaginava que fosse encontrar um homem de quase dois metros de altura, um semideus arrogante. Mas, diferentemente do que pensava, e para minha sorte, encontrei um líder humano e atencioso. Um jogador com uma estatura menor que a minha, vestindo calça jeans desbotada, um mocassino e uma camisa xadrez de manga curta e de botão. Ele veio ao meu encontro, cumprimentou-me, e, desde então, nós nos tornamos grandes amigos. Tornou-se um grande referencial para mim, e dele herdaria a mítica camisa 10 da Seleção Brasileira, anos depois, na Copa do Mundo de 1990.

Ainda na Copa de 1986, do México, Telê Santana teve um grande trabalho para juntar todos os craques. Ele era implacável com a questão disciplinar, razão pela qual deixou de fora nomes importantes do futebol brasileiro. Caímos numa chave difícil, com Espanha, Irlanda do Norte e Argélia. Estreamos num domingo, dia 1º de junho, e vencemos os três jogos daquele grupo, disputados no estádio Jalisco, em Guadalajara.

Avançamos para as oitavas de final, enfrentando a Seleção da Polônia. Depois de duas bolas no travessão do nosso goleiro, Careca sofreu um pênalti na área polonesa. Coube a Sócrates confirmar o primeiro gol. Depois fizemos mais três e goleamos por 4 a 0. Naquele momento, éramos a única seleção que não havia sido vazada.

Com a vitória, seguimos para as quartas de final e, no dia 21 de junho de 1986, um sábado ensolarado, enfrentamos a Seleção da França, também no estádio Jalisco, em Guadalajara. Num jogo eletrizante e com muito mais presença brasileira, abrimos o marcador logo aos 17 minutos com Careca, nosso goleador, e tomamos o empate com outro craque, o camisa 10 deles, Michel François Platini.

Um lance poderia ter mudado toda a história. Zico lançou Branco num passe de três dedos. Nosso lateral esquerdo driblou o goleiro e foi derrubado. O juiz apontou penalidade a ser cobrada. Zico, então, recolheu a bola e foi para a batida. Seu último gol com a camisa da seleção tinha sido feito justamente no jogo em Recife, contra a Iugoslávia, naquela partida que sacramentou minha permanência na Seleção. Porém, num desses infortúnios que o esporte dá, a bola foi defendida pelo goleiro francês, Joel Bats.

Em outro lance, após cruzamento na área, Sócrates perdeu outro gol feito, dentro da pequena área e sem goleiro. Aos 91 minutos de jogo, Telê me colocou em campo. Ainda tive tempo de receber a bola na área, driblar o goleiro e tocar para trás, numa jogada rápida que quase nos devolveu a vantagem na partida. O jogo terminou empatado e foi para as penalidades máximas.

Sócrates perdeu a primeira batida de pênalti, outra vez defendida pelo inspirado goleiro francês. Seguimos em desvantagem após os tiros certeiros de Alemão, Zico e Branco. Platini, que havia feito o gol no tempo regulamentar, perdeu a penalidade, devolvendo a nós a esperança. Porém, no chute seguinte, Júlio César acertou a trave e Fernández fez o gol que levou a França à semifinal. O final da história todos lembram: França foi eliminada pela Alemanha e enfrentou a Argentina, que foi campeã daquele torneio.

Sair do gramado desclassificado na Copa do Mundo foi muito triste. Mas ainda era o início de uma trajetória vitoriosa. Vestir a camisa da Seleção numa Copa do Mundo representa muita coisa: voltei do México valorizado.

MARACANÃ NUMA TARDE DE DOMINGO

No ano seguinte, já sob o comando de Carlos Alberto Silva, fui convocado para disputar a Copa América na Argentina, que teve a Seleção Uruguaia como campeã. Nesse torneio, joguei apenas contra a Seleção da Venezuela, partida que vencemos por um elástico placar de 5 a 0. Depois acabamos eliminados, após perder por 4 a 0 da Seleção do Chile.

Na Copa América seguinte, de 1989, disputada no Brasil, fui novamente convocado. O comando era do professor Sebastião Lazaroni, que me entregou a camisa número 20 do torneio. Dessa vez, saímos campeões ao superar o Uruguai no Maracanã, na tarde de um domingo do dia 16 de julho. Aquela disputa foi a base do que seria a seleção da Copa do Mundo de 1990, com duas estrelas brilhando: Romário e Bebeto.

Com 25 anos de idade, fui chamado por Lazaroni para vestir a camisa 10 durante a Copa do Mundo de 1990, na Itália. Antes disso, em 4 de maio do mesmo ano, uma sexta-feira, tive também uma experiência muito importante quando enfrentamos a Seleção da Bulgária, num amistoso, em pleno Brinco de Ouro da Princesa, o estádio do Guarani, em Campinas.

Naquele dia, toda a minha família foi ao estádio e nos apoiou no hotel onde ficamos hospedados, em concentração, no bairro Aparecidinha. Foi muito especial jogar perto de casa, da família e dos amigos.

Apesar de ter atuado em muitas partidas como titular, aos poucos fui revezando períodos na reserva. Durante os primeiros jogos, na fase de grupos, jogamos contra a Costa Rica, quando ganhamos de 1 a 0, gol marcado pelo Müller. E contra a Escócia, também com gol do atacante Müller.

No domingo, 24 de junho, em Turin, enfrentamos a então campeã mundial de 1986, a Argentina, pelas oitavas de final. Nesse jogo, eu estava no banco de reservas e vi, aos trinta minutos do segundo tempo, Maradona receber a bola no círculo central, avançar e driblar três marcadores brasileiros, atraindo a atenção de outros quatro e, num toque esperto, deixar o atacante Caniggia

“

Você é muito bom em ajudar os outros quando têm problemas, mas como reage quando o problema é seu? Não é na confiança em mim que está a sua segurança?

livre na esquerda, já dentro da grande área. O atacante driblou Taffarel e fez o gol argentino.

Lazaroni me colocou em campo logo de imediato com Renato Gaúcho. Mas a dura marcação argentina e o talento do time portenho não nos deu muitas oportunidades. Müller ainda teve uma última chance, quase na pequena área, quando uma bola sobrou à meia altura. Ele tentou acertar o chute, num voleio, mas não conseguiu. Estávamos eliminados da Copa do Mundo de 1990, na Itália.

MEU MAIOR ADVERSÁRIO NO ESPORTE

Logo depois desse período intenso vestindo a camisa da Seleção Brasileira, seguindo os passos de famosos jogadores, como Zico, um problema de saúde me afastou dos campos por sete meses consecutivos. Foi meu maior adversário no esporte, que me parou como nenhum outro marcador adversário foi capaz de fazer.

Naqueles meses, passei a sentir uma dor persistente na região da virilha, que começou a se manifestar de forma intensa, comprometendo não apenas minha performance em campo como as rotinas diárias. Era uma lesão complexa, que exigiu muito cuidado e tratamento severo, a pubalgia. Passei a me tratar com a equipe médica do Guarani.

Por já ter participado de duas Copas do Mundo, todas as vezes que eu saía na rua, ia almoçar ou participava de algum evento público, as pessoas me cercavam e me enchiam de perguntas: “Você está jogando onde, Silas?”; “Quando retorna?”; “Vai se aposentar?”.

Todos esses questionamentos me deixavam irritado. Eu tinha vontade até de ser mal-educado com as pessoas, porque nove em cada dez repetiam as mesmas perguntas. Com isso, fiquei cada vez mais recluso, passando tempo apenas com minha família.

Foi durante esse período, enquanto eu me dedicava à leitura da Bíblia, que Deus falou ao meu coração, de maneira impactante:

— Você é muito bom em ajudar os outros quando têm problemas, mas como reage quando o problema é seu? Não é na confiança em mim que está a sua segurança?

Foi um chamado divino à reflexão, um verdadeiro "carrinho sem bola" que Deus aplicou em mim naquele instante. Respondi com um sincero "amém".

À medida que os dias se passavam, Eliane perguntava:

— Nós vamos jogar onde agora?

Percebi que eu precisava tranquilizá-la também, então minha resposta passou a ser mais clara:

— Eliane, quando eu ficar bom, ele abrirá uma nova porta. Vamos descansar e deixar o Senhor cuidar de tudo.

Aquelas palavras acalmaram o coração da minha esposa e de toda a família.

A reviravolta

Certo dia, enquanto realizava um tratamento no Guarani, a reviravolta aconteceu. O professor Bebeto de Freitas disse:

— À tarde, traz a chuteira; você vai treinar com a bola.

Tão logo ouvi aquelas palavras, em questão de poucas horas, sete clubes apareceram interessados em me contratar.

Diante das muitas oportunidades, fui orar novamente, buscando a direção divina. Deus, de forma gradual, foi fechando portas até que restasse apenas o caminho para o Internacional de Porto Alegre. E foi para lá que seguimos — numa trajetória vitoriosa que nos daria o bicampeonato Gaúcho e a Copa do Brasil.

Passada a experiência, acabei me tornando um especialista em pubalgia. Quando algum colega sofria do mesmo mal, logo me procurava para ser aconselhado. Eu explicava que aquilo era uma inflamação no púbis e começa bem devagar, quase imperceptível, podendo progredir para uma fase em que os movimentos ficam restritos, o que nos impede de correr, chutar e fazer atividades mais intensas. Na Itália, durante os treinamentos, eu batia muito escanteio, pegava pesado com a bola sem fazer os alongamentos necessários. Enquanto se é jovem, o corpo vai suportando toda a carga, mas chega um momento que a "conta chega". E, muitas vezes, aparece em forma de lesão, como aconteceu comigo.

Esse momento difícil que passei na batalha contra a pubalgia moldou não apenas minha carreira, mas também minha perspectiva de vida. A doença não foi só uma lesão, mas uma prova de resiliência e dependência de Deus. A mensagem que recebi do Senhor naquele momento crítico permanece como um farol em minha jornada: "Não é na confiança em mim que está a sua segurança?".

Quando permito que meus pensamentos visitem o menino que fui, aquele que sonhava em ser um grande craque do esporte como o irmão Eli Carlos, percebo que não fazia ideia de que trilhar por esse caminho me levaria por estradas de muito sucesso, mas também íngremes e tortuosas — estradas que exigiam trabalho duro, coragem, determinação, paciência e confiança no Senhor.

Silas e dr. Marco Aurélio Cunha, mostrando as camisas do Pelé (Santos FC), Marta (Seleção Brasileira) e Diego Maradona (Napoli).
Crédito da foto: Autor desconhecido.

CAPÍTULO 6

RUMO À EUROPA

AO FINAL DAQUELA COPA DO MUNDO NO MÉXICO, EM 1986, e com apenas 21 anos de idade, eu já retornava para conquistar meu primeiro título da Copa Brasil, equivalente ao Brasileirão, com o São Paulo Futebol Clube — justamente contra um clube campineiro, o Guarani. Empatamos as duas partidas finais, realizadas em fevereiro de 1987. Na disputa por pênaltis, vencemos e conquistamos o troféu. Na sequência, ganhamos também o Campeonato Paulista. A equipe do tricolor despontava como uma das mais fortes do país, com um time que tinha como base Gilmar no gol, Zé Teodoro, Oscar, Darío Pereyra, Nelsinho, Bernardo, eu e Pita. No ataque, Müller, Careca e Sidney. Além de, eventualmente, outros atletas que entravam em campo, como Lê, Falcão e Márcio Araújo.

Era um ano em que muitas coisas mudariam, não só profissionalmente como também dentro de mim. Como contei anteriormente, logo depois que retornei da disputa da Copa América, na Argentina, eu e Eliane nos casamos e fomos morar em um apartamento, cedido pelo clube, na capital paulista. O Mercado da Bola[1] estava agitado, e muitos outros clubes permaneciam de olho em nós, os *Menudos do Morumbi*.

Tamanho sucesso chamou a atenção dos clubes europeus; naqueles anos, os times italianos eram as grandes potências do esporte e sondavam os melhores jogadores. Careca foi um dos primeiros, contratado pelo Napoli, e o Torino estava interessado em mim e no Müller. Porém, uma proposta vinda da Europa chegou às mãos da diretoria do São Paulo: o Sporting, um dos mais tradicionais clubes de Portugal, estava me oferecendo a camisa 10. Foi então que Juan Figger, meu empresário naquela época, que faleceu em 2021, aos 87 anos, aconselhou:

— Olha, eu acho melhor irmos para o Sporting. Fazemos uma temporada lá, entramos na Europa pela porta portuguesa, idioma português, comida brasileira, e depois vamos para outros países — a Itália era o sonho.

---

[1] Movimentação de jogadores, técnicos, assistentes, dirigentes, etc. entre os clubes de futebol por meio de contratações. [N.E.]

Além das vantagens da língua e da culinária serem razoavelmente familiares em Portugal, o Torino já possuía três estrangeiros — quatro, contando comigo. Em contrapartida, no Sporting, eu seria "figura" e poderia disputar a UEFA, atual Europa League.

— Você vai jogar a Europa League, e todos os outros países assistirão. Assim vai poder se mostrar para todos eles — acrescentou Juan.

Estava decidido: em 1988, oito meses depois do casamento, mudei-me para Lisboa, a fim de jogar no time português.

Fundado em 1906, e dono de um estádio localizado na Zona Norte da capital portuguesa, o Sporting era um time de enorme potencial e apostava alto para se tornar um dos principais clubes europeus — ainda que os cofres não estivessem tão saudáveis naquele tempo.

Joguei duas temporadas pelo Sporting, time conhecido também como "Leão", por ter em seu fardamento a insígnia do poderoso animal. Na primeira, fiz 40 jogos e 11 gols. Na segunda temporada, entre 1989 e 1990, joguei 12 partidas e anotei três gols.

SOLIDÃO

Se em campo tudo transcorria muito bem, fora dele enfrentávamos as dificuldades de qualquer imigrante, em busca de nos sentirmos menos solitários e acolhidos numa terra estranha. Em Lisboa, encontramos uma Igreja do Nazareno, e por lá adotamos a rotina de congregar. Foi muito importante viver em um país de língua portuguesa e com uma comunidade cristã que já era nossa conhecida.

Para mim, estar em uma igreja funciona como um braseiro que mantém a chama acesa dentro de nós cristãos — é onde você conversa, percebe as necessidades das pessoas, e elas percebem as suas; um lugar em que podemos trabalhar em favor de alguém, de uma comunidade, instituição; tem sempre alguma atividade com a qual podemos nos envolver. Fora dele, a brasa esfria e se apaga. Até hoje, quando eu não vou à igreja por causa de algum jogo ou outro compromisso, o nosso pastor me liga e diz: "Só vi a Eliane, senti a sua falta". Por isso, eu e minha esposa sempre tínhamos como prioridade encontrar um lugar para congregar.

Ainda assim, a distância da família e dos amigos do Brasil tornavam as coisas mais difíceis, especialmente para Eliane. Quando eu a conheci, fui claro sobre meus sonhos.

— Você quer se casar comigo? — perguntei.

— Eu quero.

— Mas eu vou jogar na Europa. Tudo bem?

— Tudo bem — ela respondeu.

— Mas ficarei uns cinco anos por lá.

— Tudo bem — Eliane repetiu.

Porém, não fui capaz de prever o rumo dos acontecimentos, e passamos quinze anos como estrangeiros em solo europeu. Quando nos mudamos para Portugal, ela tinha apenas 20 anos e precisou amadurecer muito naquela fase, mas nunca deixou de me oferecer o suporte de que eu precisava.

Em Lisboa, a comunicação era bem difícil com o Brasil. As ligações telefônicas internacionais eram caríssimas e tínhamos sempre de enfrentar uma fila enorme no orelhão para realizá-las. Ainda me lembro daquele som característico, "plim", quando a ficha caía no telefone, e da impaciência de alguns — se demorássemos muito nas conversas, recebíamos reclamações das outras pessoas que aguardavam. Eu e Eliane combinamos que faríamos apenas duas chamadas por mês cada um, mas ela era quem mais sofria a saudade e a solidão. Então, deixei que fizesse todas as quatro ligações, e, quando eu precisava ligar ao Brasil, fazia do clube.

Como não havia e-mail, redes sociais ou outras formas de se comunicar de maneira mais ágil, ela escrevia em cartas as palavras presas na garganta. Certa vez, a minha sogra nos mostrou uma caixa cheia de correspondências dela durante aquele período. Dezenas de cartas descrevendo as saudades, os medos e, apesar dos obstáculos, a confiança de que tudo ficaria bem. Também escreveu sobre as vezes em que chorou sozinha e não me contou, para me proteger e continuar me incentivando a cada passo. O apoio dela

“

Como não havia e-mail, redes sociais ou outras formas de se comunicar de maneira mais ágil, ela escrevia em cartas as palavras presas na garganta.

foi essencial em minha trajetória, mas foi um grande desafio tudo o que enfrentamos em nosso primeiro ano de jovens casados.

Logo na primeira temporada, também tive problemas com o clube em virtude de um atraso nos salários. Depois de pagarem os primeiros meses, eles ficaram nos devendo os seguintes, e isso foi gerando uma situação muito delicada — não apenas comigo, mas com todo o time. Em relação ao meu contrato, havia uma preocupação grande da torcida e dos dirigentes de que eu fosse embora para outra equipe europeia. Tanto que colocaram um olheiro no hotel onde eu estava hospedado, para saber o que eu estava fazendo no tempo livre e se negociava com outros clubes. Eu estava insatisfeito com a situação do clube, era verdade, mas como tudo em minha vida, entreguei o problema nas mãos de Deus para que ele desse o melhor encaminhamento aos processos que devia seguir.

Numa ocasião, fui convidado a participar de um encontro da Associação dos Homens de Negócio do Evangelho Pleno, a Adhonep, uma entidade fundada no Brasil que gera conexões entre empreendedores cristãos. O local escolhido foi um hotel de luxo na capital portuguesa, e fui avisado de que, no início da noite, mandariam um carro e um motorista para me buscar.

Perto do horário combinado, ele chegou. Era um homem bem-vestido, com barba e cabelos grisalhos — parecia o Sean Connery, ator escocês que fez muito sucesso como o "007" nos cinemas. Ele dirigia uma Mercedez e me levou até o local onde seria a nossa reunião. Ali, dei meu testemunho como atleta e cristão, e quando cheguei de volta do compromisso, fui surpreendido com umas cinco ou seis mensagens na secretária eletrônica do meu quarto: "Oh, não faça nada, que amanhã, logo depois do almoço, o dinheiro estará todo na sua conta!".

Penso que o rapaz que estava encarregado de me observar ligou para o presidente do Sporting assim que saí e disse: "Presidente, tem um empresário italiano aqui. Veio buscar o cara, acho que vai levar ele embora para a Itália!". Eu me diverti muito com todo esse caso. No final das contas, eles acertaram o que me deviam, assim permaneci no clube, levando uma vida muito confortável, diferente do que a maioria dos atletas acabavam vivenciando quando migravam, ainda muito novos, para outras nações.

É comum que um jogador jovem enfrente questões como adaptações linguísticas, dificuldades com a dieta — já que a culinária muda bastante de um país para outro —, e necessidade de se acostumar a uma nova vivência em campo. No Brasil, estávamos habituados a jogar com colegas também brasileiros; na Europa, o mundo se encontrava naquelas quatro linhas: africanos, ingleses, espanhóis, suecos e latino-americanos. Todos nós tentando nos entender no idioma da bola, enfrentando a saudade de casa e da família. Eu sentia muita falta dos sabores da comida, da música, da convivência e da espontaneidade que só o brasileiro tem.

Por essas razões, Juan teve uma sensibilidade enorme de procurar locais e pessoas que pudessem me fazer sentir acolhido. Isso, porque o perfil de um jogador de futebol brasileiro, se comparado aos estrangeiros, é muito diferente. Os jogadores europeus são mais fortes, por essa razão, quando um atleta chega nos clubes, logo passa por um processo de "engorda", para ganhar peso com base em uma readequação alimentar, a fim de adquirir maior resistência. Além das diferenças físicas e nutricionais, ainda há as dificuldades técnicas: os brasileiros precisam se adaptar a um estilo de jogo mais desafiador e exigente, e devem mostrar o seu valor durante as partidas, já que a competitividade é muito elevada nas ligas europeias. A pressão psicológica é intensa, e pode se transformar em um rival ainda mais preocupante que o time adversário em campo. Mas Juan estava com a razão quando me incentivou a seguir para Portugal: a comida era parecida com a brasileira assim como o idioma. Mesmo com os outros desafios, eu me destaquei muito no Sporting.

Os grupos caseiros[2] que realizávamos com outros cristãos foram a maneira que encontramos para criar uma rede de amigos e irmãos em Cristo. Conheci pessoas interessadas em ouvir o meu testemunho, já que conciliar a fama e os princípios bíblicos nem

---

[2] Encontros realizados nas casas para compartilhar porções da Bíblia, orar uns pelos outros e desfrutar da convivência com os demais cristãos. [N.E.]

“

No Brasil, estávamos habituados a jogar com colegas também brasileiros; na Europa, o mundo se encontrava naquelas quatro linhas: africanos, ingleses, espanhóis, suecos e latino-americanos.

sempre é uma tarefa simples — muitos se perdem numa espécie de malabarismo entre dois mundos —, por isso minha trajetória despertava curiosidade nas igrejas pelas quais passei. Então, eu e Eliane éramos convidados a participar de algumas reuniões. Ali, eu compartilhava como era a vida de um atleta cristão, minhas origens, histórias de superação, e como o meu relacionamento com Deus foi a força vital que me fazia permanecer firme em meio às muitas tempestades.

FORTALEZA EM DIAS DE ANGÚSTIA

Costumo brincar que é fácil nos acostumarmos com aquilo que é bom, e naquela fase não foi diferente. Apesar da solidão, os frutos que colhemos durante a nossa permanência na Europa compensaram todo o esforço de adaptação, as discussões naturais no início do casamento e as lágrimas de saudade derramadas.

Em 1990, jogamos contra o Ajax em Amsterdã, comparado com o Real Madrid dos dias atuais, e ganhamos de 2 a 0. Naquele dia, anotei um dos gols mais bonitos que já fiz na vida: saí do meio campo sozinho e acelerei com a bola de uma maneira espantosa; com um chute de direita, a bola cobriu o goleiro e o estádio foi à loucura ao comemorar o primeiro gol da partida. Aquela performance não passou despercebida e garantiu a minha contratação pelo Cesena, na Itália, no ano seguinte.

Durante todo o período que estive fora de casa, longe do Brasil e da família, vivendo o sonho de jogar em clubes expressivos e de acumular conquistas incríveis ao longo da carreira, sempre tive o costume de olhar para trás e me lembrar de onde Deus me tirou. Guardo esse hábito ainda hoje, uma maneira de alimentar em mim a gratidão por tudo o que vivi. Além disso, pensar sobre onde Deus me permitiu chegar — aquele menino magrelo, que sofria de bronquite, mal tinha dinheiro para pagar as passagens de ônibus, estava agora casado com o amor da sua vida, morando na Europa — gerou em mim um espírito contente e humilde.

Deus nos prometeu que de nada sentiríamos falta, por isso eu e Eliane não precisávamos de muito e aprendemos a não temer as mudanças: um teto, comida na mesa e roupa para vestir já era o suficiente para não termos motivos dos quais reclamar. Em tempos difíceis, eu a lembrava do seu versículo favorito: "O Senhor é bom, é fortaleza no dia da angústia e conhece os que nele se refugiam" (Naum 1.7, ARA).

Ainda no ano de 1990, enquanto eu jogava na Itália durante a Copa do Mundo, Eliane estava prestes a dar à luz o nosso primeiro filho, Nathan, e precisou voltar ao Brasil, onde estaria perto da família para realizar o parto com segurança e conforto. Eu não pude estar presente. Só pude olhar para o rosto do meu filho, no dia do seu nascimento, através de uma televisão: uma emissora brasileira utilizou um carro de transmissão ao vivo na Itália para que eu pudesse conhecer o meu primogênito. Foi um momento que gerou um forte aperto em meu coração. O desejo de estar com minha esposa, abraçando juntos a nossa criança, era inexplicável. Dezessete dias depois, pude encontrá-los pessoalmente. Vivenciamos outros cenários difíceis como esse, nos quais não fui capaz de estar presente e participar de todos os momentos com a minha família, mas a coragem e a força de Eliane serviam de fundamento para a construção do nosso lar.

Lisboa foi a primeira das muitas experiências que ainda viveríamos em solos estrangeiros. Em todas as situações, eu buscava entender que somos nós quem influenciamos os ambientes e temos o poder de determinar a atmosfera que nos rodeia. Por isso, quando as adversidades batiam à porta, eu não ficava me lamentando: "Por que estou em Portugal? Por que vim morar no Japão? O que estou fazendo na Argentina? Por que estou jogando em outros países?". Não me permitia sucumbir ao sofrimento. Em vez disso, eu me esforçava para aprender os novos idiomas e me adaptar o mais rápido possível à nova cultura, rotina e alimentação. Em meio à competitividade dos clubes europeus, eu lembrava a mim mesmo de que não estava ali para roubar o lugar de ninguém, mas para abraçar uma nova oportunidade que me era oferecida, e eu sempre tentava agarrá-la com muito esforço, treino e dedicação. Tenho muita alegria em dizer que continuo colhendo os frutos das minhas passagens por todos esses países até hoje: aprendi novas línguas, conheci culturas diferentes e desenvolvi uma maturidade fundamental para o futuro da minha carreira.

Mesmo cercado pelo sucesso, lutei para que a vaidade não tomasse conta de mim e me fizesse esquecer dos valores que o *seu* Alberto tanto se esforçou para que eu aprendesse. A postura do meu pai ecoava em minha mente: suas broncas, seus ensinamentos, sua firmeza em sempre deixar claro para mim o que de fato é verdadeiramente importante. Então, durante todas as mudanças que vivemos e viagens que realizamos, eu estive atento aos recados de Deus e seguia com coragem os caminhos que ele me indicava. A popularidade crescia, mas eu não permitia que ela se apropriasse de quem eu era ou me fizesse pensar ser superior aos outros. Por isso, trazia comigo a sabedoria da Palavra: "Pois da mesma forma que julgarem, vocês serão julgados; e a medida que usarem, também será usada para medir vocês" (Mateus 7.2).

Depois de atuar no Cesena, fui transferido para a Sampdoria, sediado em Gênova. Marquei o primeiro gol do Campeonato Italiano, em 1991, aos sete minutos do primeiro tempo. Foi uma atuação histórica, que me garantiu um presente de 700 garrafas de vinho, oferecido por um fabricante de vinho do país — um detalhe curioso é que, como eu não bebo, decidi que pegaria essas garrafas no final da temporada, o que acabou não acontecendo. Ficamos em sexto lugar na Série A Italiana, no ano de 1992. Em seguida, eu estava finalmente voltando para o Brasil, naquele mesmo ano, para disputar o Campeonato Gaúcho e a Copa do Brasil. Contudo, eu ainda não sabia, mas voltaria a pisar em solo estrangeiro e viveria uma das maiores conquistas da minha carreira.

Silas, Leandro Firmino (Zé Pequeno - *Cidade de Deus*) e Diego Lugano (ex-jogador do SPFC).
Crédito da foto: Autor desconhecido.

CAPÍTULO 7

UM BRASILEIRO ÍDOLO NA ARGENTINA

CONHECI JOHNNY MONTEIRO QUANDO AINDA ESTAVA iniciando minha carreira como profissional, no ano em que fui promovido para o time de cima do São Paulo, em 1984. Assim como Cilinho, o nosso técnico, que, como disse anteriormente, tornou-se uma figura paterna para mim e para os outros jogadores. Sua função era tão importante quanto a atuação dos preparadores físicos, fisioterapeutas, médicos e nutricionistas.

Johnny era responsável por cuidar não só das nossas mentes, mas também nos aconselhava espiritualmente, sempre preparado para oferecer uma palavra de Deus, como consolo, encorajamento e suporte.

Ser um jovem atleta é estar constantemente exposto a diversas pressões: precisamos ter um bom desempenho nos treinos, fazer a diferença no time, aprender a trabalhar em equipe e apresentar um bom relacionamento com os outros integrantes, lidar com os empresários, os salários, a cobrança da imprensa e a expectativa da torcida. Isso tudo sem contar o desgaste emocional que a fama pode gerar, já que estamos sempre na mira da opinião alheia. Todos esses fatores sobrecarregam a mente imatura de um garoto de 16 anos, que ainda está descobrindo sua identidade e papel neste mundo.

Em um momento, estamos nos divertindo, jogando bola com o pessoal do bairro, sujos de terra, aprontando travessuras e pensando em maneiras de garantir uns trocados para ajudar a família — e quem sabe uma barra de chocolate no final da semana —; no outro, nossos nomes estão impressos nos jornais, milhares de pessoas vibram no estádio quando estamos em campo. A popularidade é acompanhada de uma exigência vinda de todos os lados e, dentro dos clubes, passamos a ser continuamente monitorados e controlados para apresentarmos uma boa performance.

É nesse cenário que a ansiedade desponta por meio de diversos questionamentos: "E se eu perder o meu contrato?"; "Serei capaz de alcançar aquele título?"; "Milhares de pessoas estarão me observando, minha família está torcendo por mim; e se eu fracassar em rede nacional?"; "Sou bom o suficiente?". Nessa fase, o álcool e as drogas se mostram mais atraentes, surgem como uma solução rápida para silenciar as diversas vozes internas, espairecer ou anestesiar os sentimentos, mas são uma armadilha que pode ser letal. Por isso, um rapaz de mente fraca, mesmo que seja um dos mais talentosos do time, não consegue sustentar o ritmo frenético que é a vida de um jogador de futebol, e Johnny sabia que a Palavra de Deus é fundamental para blindar nossos pensamentos e emoções.

Com mais de trinta anos de experiência em Capelania Esportiva, ele não era apenas um missionário no mundo dos esportes, mas um amigo que trago comigo durante toda a vida, e que atuou como suporte em momentos de solidão, medo e pressão extrema. Seus conselhos foram muito importantes em minha carreira, principalmente após a volta para o Brasil.

UM ACORDO COM DEUS

Em 1992, fui campeão da Copa do Brasil jogando pelo Internacional, e, no ano seguinte, participei dos meus últimos jogos vestindo a camisa da Seleção Brasileira: um amistoso contra a Alemanha, realizado em Porto Alegre, comandado pelo técnico Carlos Alberto Parreira, do qual saímos vitoriosos num placar de 3 a 1; e um amistoso com a Argentina, no estádio Monumental de Núñez, em Buenos Aires. Empatamos por 1 a 1, e ali minha passagem pela Seleção havia finalmente se encerrado. No fim da partida, Johnny surgiu com uma proposta não muito atraente para mim naquela época:

— Por que você não vem para o San Lorenzo? — perguntou. Não era a primeira vez que compartilhava comigo aquele desejo.

— Ore aí — respondi. Mas o que eu queria mesmo era que ele parasse de insistir no assunto, porque eu não queria ir.

A rivalidade que temos com os argentinos é algo que todo brasileiro já conhece, mesmo aqueles que não são tão inteirados no mundo do futebol. Discussões polêmicas, como “Quem é o melhor: Pelé ou Maradona?” são apenas a ponta do iceberg de uma briga que começou há décadas. Para mim, o grande problema era quando as desavenças extravasavam em forma de violência dentro dos estádios, não só nas arquibancadas entre torcedores como no meio dos próprios jogadores durante as partidas. O jogo da Copa do Mundo em 1978, conhecido como "A batalha de Rosário", bem como a Copa América de 1937 são só alguns exemplos históricos de uma competitividade hostil e violenta da qual eu queria distância. Por esse motivo, eu não tinha o menor interesse em aceitar a proposta persistente do meu amigo.

Além disso, as chances de um brasileiro ser bem-sucedido jogando na Argentina são baixíssimas — ao longo da história do futebol, pouco mais de 30 jogadores do nosso país tiveram a coragem de se aventurar pelos clubes de um dos nossos maiores rivais, e, atualmente, há somente um brasileiro presente na primeira divisão do Campeonato Argentino. Eles apresentam uma tática muito diferente da nossa, além de terem um estilo de jogo com maior contato físico, ferocidade nas disputas pela bola e uma marcação mais pesada, o que exige um intenso processo de adaptação da nossa parte. Também costumam jogar com o "enganche", que seria o camisa 10, responsável principalmente pelas assistências, cobranças de falta, escanteios e finalizações, sempre perto do gol, arriscando nos chutes e armando jogadas. Essa era a posição que o San Lorenzo estava interessado em me oferecer.

Johnny era muito próximo do técnico do time argentino, Héctor Vieira — eles trabalharam juntos no Vélez Sarsfield, clube também localizado em Buenos Aires —, e, quando questionado a respeito de quem seria um bom camisa 10, ele logo sugeriu o meu nome. Em seguida, entraram em contato com Juan Figger para realizar a oferta; ele concordava que poderia ser uma grande oportunidade. Depois de muito resistir, aceitei a proposta, mas ainda não havia paz em meu coração a respeito daquela decisão.

Assim que cheguei na Argentina, a ansiedade continuava a perturbar meus pensamentos, e eu precisava ter a certeza de que ali era o lugar certo para mim. Lembro do meu primeiro dia em Buenos Aires, quando finalmente pisei no clube do San Lorenzo. Em meio às diversas incertezas que rodeavam meus pensamentos, e ainda me sentindo sufocado pela insegurança de fracassar, ajoelhei e contei as minhas preocupações a Deus:

"

A popularidade é acompanhada de uma exigência vinda de todos os lados.

— O Senhor de fato me quer aqui? — perguntei em oração, como uma criança que aguarda ansiosamente uma resposta do pai. Eu sabia que, se fosse da vontade divina, eu poderia descansar e confiar na soberania do Senhor, pois ele estaria à frente dos próximos acontecimentos da minha carreira.

Todas as vezes em que eu havia jogado contra a Argentina, as partidas sempre terminavam mal — discussões, pancadaria, jogadores expulsos —, e essas várias lembranças causavam em mim um grande incômodo. "Um brasileiro jogando em um clube argentino?", pensei, "Como vou conseguir me adaptar e me enturmar com os outros jogadores?".

— Não tem nenhum outro jogador brasileiro aqui — eu insistia em minha oração. — Se é isso mesmo que o Senhor deseja para mim agora, vou fazer igual a Gideão.

A história desse famoso juiz do povo de Israel começa a ser escrita a partir do capítulo 6 do livro de Juízes. Naquele tempo, o povo de Deus não tinha um rei que os governasse, então elegiam líderes que estivessem à frente das doze tribos, conduzindo as batalhas e livrando os israelitas de seus inimigos. Gideão, filho de Joás, tinha sido escolhido pelo Senhor para guerrear contra os midianitas — Israel estava sob o domínio de Midiã e os hebreus tinham de se esconder nas montanhas e cavernas para protegerem suas plantações e animais das invasões —, mas se sentia inseguro e incapaz de cumprir a missão: "'Ah, Senhor'", respondeu Gideão, 'como posso libertar Israel? Meu clã é o menos importante de Manassés, e eu sou o menor da minha família'" (Juízes 6.15).

Penso que até os homens mais valentes, uma vez ou outra, sentem-se como Gideão. Quando a batalha à frente parece pesada demais, lutamos contra o ímpeto de desistir e fugir. A solidão chega a consumir todo o nosso coração: "Como vou conseguir enfrentar isso sozinho?", questionamos a Deus. E era dessa forma que eu me encontrava durante aquela importante oração: ajoelhado, vulnerável e cercado de incertezas.

O Senhor prometeu que não abandonaria Gideão, e, ainda tomado pelo medo, o jovem guerreiro pediu um sinal:

> "Vê, colocarei uma porção de lã na eira. Se o orvalho molhar apenas a lã e todo o chão estiver seco, saberei que tu libertarás Israel por meu intermédio, como prometeste". E assim aconteceu. Gideão levantou-se bem cedo no dia seguinte, torceu a lã e encheu uma tigela de água do orvalho. Disse ainda Gideão a Deus: "Não se acenda a tua ira contra mim. Deixa-me fazer só mais um pedido. Permite-me fazer mais um teste com a lã. Desta vez faze ficar seca a lã e o chão coberto de orvalho". E Deus assim fez naquela noite. Somente a lã estava seca; o chão estava todo coberto de orvalho (Juízes 6.37-40).

"Assim como Gideão fez com a lã", pensei, "vou pedir também um sinal a Deus para ter certeza de que devo permanecer no San Lorenzo".

— Senhor, se eu fizer dois gols no meu primeiro jogo, essa será a confirmação de que o Senhor me quer aqui — declarei e me levantei daquela oração. Mas, alguns segundos depois, comecei a duvidar. — Deus, na verdade... eu mencionei dois gols, mas acho que isso é pedir demais. Não sou nenhum Romário, Careca ou Reinaldo. Para jogadores como eles, marcar essa quantidade de gols é fácil. Agora, para mim, já é uma tarefa bem mais difícil. Se eu fizer *um* gol — orei corrigindo a mim mesmo —, esse será o sinal de que o Senhor me quer aqui.

Enfim, terminei a oração e, logo em seguida, fui me preparar para começar o treino. Após uma semana, o técnico do San Lorenzo me chamou e disse:

— Sua estreia será domingo.

— Já? — questionei, surpreso. — Contra quem?

— Boca Juniors.

Senti um frio na barriga ao ouvir aquela resposta. Eu estaria prestes a competir contra um dos clubes mais famosos do mundo e casa de renomados jogadores, entre eles o ídolo argentino Maradona.

— Meu Deus do Céu... — foi tudo o que consegui dizer naquele momento.

“

Ajoelhei e contei
as minhas
preocupações
a Deus.

Chegou, enfim, a minha primeira partida vestindo a camisa do clube argentino. As palavras que orei no começo daquela semana ainda ecoavam em minha mente, enquanto me perguntava qual seria a resposta de Deus para o futuro da minha jornada naquele país. Em meio ao meu turbilhão de pensamentos, o juiz apitou e o jogo começou. Era o momento de me manter focado e dar o meu melhor, e assim fiz.

Surpreendentemente, marquei o primeiro gol da partida, e estávamos ganhando por 1 a 0. Alguém na minha situação poderia pensar: "Essa é a resposta de Deus, devo continuar na Argentina". Mas o jogo não parou por aí. Uma nova oportunidade apareceu; joguei a bola para a direita e corri para dentro da área. Três defensores do Boca estavam logo atrás de mim, na marcação. Então, para despistá-los, dei alguns passos para trás bem a tempo de receber o cruzamento certeiro feito pelo lateral, Zandoná. A bola veio exatamente até a minha cabeça; tudo o que precisei fazer foi abaixar um pouco, dobrar o joelho para pegar impulso e cabecear. Eu estava prestes a comemorar o meu segundo gol da partida. "Não acredito que consegui!", pensei. Mas aquela sensação de felicidade foi logo tomada por uma imensa decepção quando vi o zagueiro do Boca entrar na área e cabecear a bola — que estava quase entrando na rede — para longe do gol. Subi as duas mãos até a cabeça, como quem não acreditava no que acabara de ver.

Naquele instante, entendi o que Deus realmente queria me ensinar e pude ouvir o Espírito Santo ministrar claramente ao meu coração: "Se tivesse pedido dois gols, eu daria a você, porque para mim nada é impossível". Ainda atordoado, senti um arrepio cobrir meu corpo do pé até meu último fio de cabelo, e as vozes da torcida pareciam soar cada vez mais distantes. Meus olhos se encheram de lágrimas, e não consegui conter o choro mesmo no meio da partida, com o cronômetro ainda rodando. Meus companheiros de equipe ficaram confusos ao verem a minha reação:

— Pablo, Pablo, Pablo, *qué pasa, qué pasa*? — perguntavam preocupados. Mas eu não tinha tempo nem condições de explicar o que estava acontecendo comigo.

O jogo continuou, e só fui capaz de responder:

— Tá tudo bem, tá tudo bem.

Ao fim da partida, eu ainda estava incomodado pela agonia de ter perdido a chance de marcar o segundo gol, mas todos ficaram impressionados com a minha performance naquele dia de estreia. A imprensa logo se aproximou de mim, no meio do campo, para tirar fotos e fazer entrevistas, e eu me sentia como o Maradona.

Depois de toda aquela movimentação de fim de jogo, encontrei Johnny — Eliane ainda não estava comigo, e permaneci morando com ele até que o nosso apartamento estivesse pronto — e expliquei tudo o que havia acontecido: meu acordo com Deus, o modo como mudei de ideia ao orar e o motivo daquele choro incontrolável em campo.

— Silas, duas coisas aconteceram — explicou Johnny. — Primeiramente, em diversas passagens da Bíblia, quando Jesus caminhava no meio do povo realizando curas e milagres, ele tinha o costume de dizer: "Seja feito conforme a vossa fé". Infelizmente, sua fé não foi suficiente para que marcasse dois gols, e, assim como você pediu, o Senhor realizou. Mas ele é poderoso para fazer infinitamente mais do que a nossa própria capacidade, e eu espero que você tenha entendido isso hoje. Em segundo lugar, apesar de não ter conseguido fazer aquele gol, está claro que Deus te deu uma confirmação: ele quer você aqui.

— Amém — respondi.

UMA EM UM MILHÃO

Daquele momento em diante, comecei a viver a melhor fase da minha carreira, e uma das experiências mais incríveis que já tive em clubes estrangeiros. Em quatro anos no San Lorenzo, marquei mais de 40 gols. Talvez, se eu tivesse atuado da mesma forma nos tempos em que joguei pelo São Paulo, eu receberia mais oportunidades de estar na Seleção Brasileira e alcançaria um sucesso maior no Brasil. Mas sei que os acontecimentos se desenrolaram daquela forma por um motivo, pois é Deus quem gera dentro de nós tanto o querer como o realizar (cf. Filipenses 2.13), e no dia da minha estreia eu tive a certeza de que ele guardava para mim um propósito na Argentina.

Relembrando o que está escrito em Provérbios 16.1, o homem pode fazer planos, mas é o Senhor quem dá a resposta certa. Ele sabia

“

A vontade divina esteve à frente durante todo o tempo que permaneci no San Lorenzo.

o que estava preparado para mim como jogador do San Lorenzo, porque foi Deus quem me chamou para aquele tempo e para aquele país. Sabia como queria me usar ali e permitiu não só que eu fosse para lá, mas que também alcançasse todo o sucesso que alcancei. De fato, a probabilidade de um jogador como eu ser bem-sucedido na Argentina era de uma em um milhão, e isso só confirma a certeza de que a vontade divina esteve à frente durante todo o tempo que permaneci no San Lorenzo.

Deus cuidou de todos os detalhes e curou as minhas incertezas em relação ao entrosamento com o resto da equipe. Eu não sabia se os argentinos me aceitariam bem no time, sendo eu o único brasileiro. Um dos fatores mais importantes para que um jogador apresente um bom desempenho, tanto nos treinos como em campo, é o relacionamento com os outros integrantes do clube. Então, o medo de não ser bem aceito me gerava muitas inseguranças, ainda mais tendo que atuar como o camisa 10.

Felizmente, o meu técnico conhecia na pele esse sentimento. Na época em que foi jogador, Héctor esteve no Brasil, atuando pelo Corinthians, e, assim como eu, sabia que ser um estrangeiro nem sempre era fácil. Mais do que ninguém, ele entendia a importância de se sentir acolhido pelos membros da equipe.

Quando cheguei no San Lorenzo, havia mais três jogadores que não eram argentinos: Eduardo Bennett, um centroavante hondurenho, Juan Moran, lateral esquerdo uruguaio, e Gilberto Angelucci, goleiro venezuelano. Era um dia de chuva, e fomos até o ginásio para treinar. Héctor logo anunciou para toda a equipe:

— Eu quero que vocês tratem estes quatro melhor do que tratam a vocês mesmos.

Em seguida, dirigiu-se a nós, os estrangeiros:

— Vocês terão as mesmas oportunidades que os jogadores argentinos, então o resultado que alcançarem vai depender do quanto estão dispostos e do esforço de cada um. Ninguém vai ser favorecido.

Lembro que aquela atitude diminuiu a minha tensão. Mesmo com toda a rivalidade existente entre brasileiros e argentinos, o meu processo de adaptação não foi tão difícil como imaginei que seria.

Depois da minha estreia, ainda marquei mais um gol contra o River, e minha atuação nos outros jogos acabou por conquistar a simpatia dos argentinos. Para a minha surpresa, a aceitação que tive ali foi fora do normal. Em seis jogos, marquei cinco gols. Continuei me destacando ao longo do campeonato, e ajudei o clube a ser campeão depois de vinte e dois anos sem um título nacional. Foram um total de 24 gols marcados, em torno de 100 partidas. A ascensão do clube aconteceu com a minha chegada, e sou muito grato por ter participado de uma temporada tão gloriosa para *Los Cuervos*.

Eu me lembro da grande festa do time quando conquistamos o troféu do campeonato. Foi parecida com a celebração da vitória do Corinthians em 1977. Era uma sensação absurda olhar para trás e enxergar todo o trajeto que Deus me permitiu percorrer até chegar àquele momento, em que fui eleito o melhor da minha posição em todo o campeonato. E, é claro, jamais vou me esquecer do instante mais emblemático da minha jornada no San Lorenzo: o famoso gol que marquei contra o River Plate. Ainda posso ouvir o som da torcida vibrando enquanto corro para comemorar. Aquele instante me garantiu o título de craque no futebol argentino, e, até hoje, quando visito Buenos Aires, recebo o carinho dos apaixonados por futebol.

DEUS NÃO FICA EM DÍVIDA COM NINGUÉM

Um fato curioso que não posso deixar de contar aqui é sobre quase ter desistido de completar o campeonato. Imagine: abandonar o time logo antes de conquistar um dos títulos mais importantes da minha vida como jogador! Zé Sérgio, na época, treinador do clube japonês Kashiwa Reysol, surgiu com a proposta de me levar ao Japão. Careca e Müller já estavam jogando no time, e ele achava que eu seria uma ótima opção para compor a equipe. O presidente do Kashiwa me enviou uma proposta quase que irrecusável; era, com certeza, uma oferta tentadora, e não pude deixar de pensar na possibilidade de abandonar o clube argentino.

Ciente da situação, o presidente do San Lorenzo me convidou para uma reunião, colocou uma folha em branco na mesa e disse:

— Coloca aí quanto você quer ganhar. Silas, jamais seremos campeões sem você.

Eu poderia aceitar o convite de Zé Sérgio e receber muito mais dinheiro, prover uma qualidade de vida superior para Eliane e nossos filhos, além de poder investir financeiramente no futuro deles de uma maneira mais expressiva. Mas eu tinha um direcionamento claro de Deus, e aqueles primeiros minutos no San Lorenzo, em que passei ajoelhado buscando por uma resposta, ficaram cravados em minha memória durante toda a minha permanência na Argentina. Por fim, decidi ficar. E sei que Deus honrou a minha obediência: além de me tornar um jogador de sucesso no país, foi ali onde iniciamos o projeto Atletas de Cristo na minha casa, e diversas pessoas foram impactadas pelo Evangelho por meio do esporte.

Tenho a convicção de que estava no centro da vontade do Senhor, e me lembro de ouvi-lo falar em meu coração: "Silas, tenha a certeza de que você agiu muito bem ao ser obediente à minha voz. E não se esqueça disto: sou Deus e não fico em dívida com ninguém". Ele cumpre com as promessas que faz, sempre. Riquezas terrenas e prosperidade material não me foram garantidas, mas ele prometeu que eu e minha família não sentiríamos falta de nada, e assim foi feito. Mesmo tendo enfrentado perdas significativas de entes queridos, batalhado pela saúde e sido necessário provar o meu valor para muitos que não viam potencial naquele pequeno garoto, em nenhum momento fui abandonado, pois o Pai celestial guarda aqueles que o amam e o servem.

Além de tudo o que vivi na Argentina como atleta e cristão, se eu tivesse ido para o Japão, jamais presenciaria o que foi, a meu ver, um dos momentos mais surpreendentes do campeonato. Em um dos jogos contra o Boca Juniors, ganhamos de 4 a 0. Por alguns minutos, os ressentimentos foram deixados de lado, a briga cessou, a rivalidade foi esquecida, e tudo o que restava era a paixão pelo esporte, que fazia o coração acelerar e o peito explodir num berro que enchia todo o estádio, com vozes argentinas gritando: "Brasil, Brasil, Brasil!". Penso que nunca mais serei capaz de vivenciar algo daquele tipo na história do futebol argentino.

Silas e Bernardo (ex-jogador do SPFC).
Crédito da foto: Autor desconhecido.

CAPÍTULO 8

O ÚLTIMO JOGO

EM OUTUBRO DE 1997, EU VOLTAVA AO BRASIL PARA jogar novamente no São Paulo. Estava com 32 anos, e minha família aumentava — meu caçula, Calebe, havia acabado de nascer; Nathan, o mais velho, completava 8 anos; e Carole, a única menina, tinha por volta de 5 anos de idade. Com o passar do tempo, aprendemos a arte da adaptação que todo ser humano é capaz de desenvolver; e eu era grato porque Eliane, apesar das dificuldades, permanecia firme e corajosa quando tinha de me acompanhar para todos os vários lugares do mundo nos quais estivemos. Foram períodos de altos e baixos, em que o coração apertava de saudade do nosso país e dos entes queridos que não encontrávamos há tanto tempo.

UM JOGADOR ESTRANGEIRO PELA ÚLTIMA VEZ

Na época em que eu estava de retorno ao Brasil, minha esposa permaneceu na Argentina com as crianças, para que pudessem completar o ano letivo na escola em que frequentavam. Depois de uma curta atuação no São Paulo, recebi outra vez uma proposta vinda do Japão, de um clube chamado Kyoto Sanga, e ali jogaria por duas temporadas. Era o final do ano, e minha família estava prestes a embarcar em um voo para o Brasil. Eliane se sentia aliviada por finalmente voltar para casa e esperava ansiosamente pelo momento em que poderia aproveitar da comida, das pessoas e dos lugares que tanto faziam falta. Mas mal sabia ela que eu tinha uma novidade para contar — e, com certeza, não seria fácil para nenhum de nós.

— Recebi uma proposta para o Japão — revelei, enquanto conversávamos ao telefone.

— Estou voltando para o Brasil — ela me respondeu com firmeza. — Não quero que você fale comigo sobre isso até o começo do próximo ano. Você nem esperou eu chegar e já me vem com essa notícia? Agora, eu vou curtir o meu país, e ano que vem conversamos sobre isso. Mas já adianto: não quero ir para o Japão.

Eu sabia que sua reação era compreensível: Eliane foi quem cuidou de todas as questões relacionadas à saída da Argentina, organizou o apartamento, embalou tudo nas caixas, arrumou as malas dos nossos filhos. Toda mudança, por mais simples que seja, demanda um grande gasto de energia — ainda mais com três crianças para tomar conta. Não me surpreendia que ela estivesse desgastada, tanto física quanto mentalmente. Por isso, nada mais justo que eu oferecesse a ela um tempo de descanso e renovo ao lado das pessoas que amava.

Dessa forma, entendi que seria melhor atender ao seu pedido, e não falamos mais sobre o assunto até que o ano de 1997 terminasse. Aproveitamos os momentos de celebração com nossos parentes e amigos; matamos juntos a saudade da culinária brasileira; fizemos passeios e comemoramos com alegria o início de 1998. Entretanto, eu tinha a convicção em meu coração de que devia aceitar a proposta do clube japonês, e, quando chegou o momento de ter aquela conversa difícil com a minha esposa, deixei claro o que pensava:

— Vou para o Japão, e sinto que Deus está nos direcionando para isso. Eu gostaria muito que você fosse, mas vou entender se preferir ficar.

Em lágrimas, Eliane decidiu que todos iríamos. Para ela, os processos de adaptação em lugares diferentes eram especialmente difíceis — mesmo depois das experiências na Europa e Argentina —, mas entendeu que precisava estar comigo. Como me alegro em tê-la por perto ao longo de toda a minha jornada, e agradeço porque a minha esposa escolheu depositar sua confiança em mim, até nas estações mais conturbadas. Sem o apoio e a dedicação dessa mulher extraordinária, eu não seria nem a metade do homem que sou hoje.

Alinhados sobre quais deveriam ser os nossos próximos passos, nós nos preparamos para partir até um novo destino. Dos países em que estivemos, o Japão era o mais diferente do que um brasileiro está acostumado, em termos de costumes, cultura e idioma. Além disso, a qualidade de vida nos deixava de queixo caído, e éramos cercados por novas tecnologias, praticidade e segurança nas cidades.

Quando íamos ao McDonald's, em vez de pedirmos um hambúrguer com Coca-Cola, dizíamos "hambaga" e "kora". Mas, obviamente, contávamos com a ajuda de um intérprete versado para nos auxiliar. Essa experiência às vezes nos rendia algumas situações engraçadas. Certa vez, durante uma conversa, ele comentou:

— Silas, assisti a um filme no cinema que me fez chorar muito!

— Qual filme, Jair? — perguntei.

— Tatanico.

— O quê?

— Tatanico — ele repetiu.

— Jair, mas que filme é esse?

— Aquele do navio.

— Ah, o *Titanic!*

A diferença na pronúncia dos nomes garantiu mais alguns bons diálogos engraçados como aquele. Apesar disso, muitos jogadores japoneses eram capazes de dizer umas palavras em português, e tinham o costume de me cumprimentar com um alegre "E aí, beleza?". Isso era muito simpático da parte deles, mas a minha alegria mesmo era que, independentemente de aonde eu ia, todos entendiam o idioma universal do futebol, e essa é com certeza uma das formas de expressão mais valiosas que já aprendi: a linguagem do esporte.

O idioma não foi o único aprendizado que absorvemos dos asiáticos. A forte cultura de respeito e honra incutida nos valores do Japão gera influência na forma como educo os meus filhos até hoje — também vão de encontro com a postura que o *seu* Alberto assumia ao instruir a mim e meus irmãos quando éramos pequenos. Os mais velhos — chamados de *senpai*, em referência ao termo "professor" — são muito admirados pela sabedoria que carregam, por isso cabe aos jovens — denominados *kohai*, ou "aluno" — honrá-los e aprenderem com seus ensinamentos. Essa conduta podia ser facilmente notada em todas as esferas da sociedade japonesa, inclusive nos esportes, entre atletas e técnicos.

Todas as experiências que tivemos no exterior nos marcaram de alguma forma, e hoje posso dizer que a minha identidade foi muito enriquecida pela cultura dos países por onde passei. Até hoje, quando chegamos em casa, temos o costume de tirar os sapatos — assim como fazem os japoneses. Também passamos a incentivar nossos filhos a fazerem intercâmbio — Carole, por exemplo, na época da faculdade, passou um mês na Universidade de Cambridge.

"

Independentemente de onde
eu ia, todos entendiam o
idioma universal do futebol.

"HOJE SERÁ O SEU ÚLTIMO JOGO"

No ano de 2000, eu pisava novamente em solo brasileiro, e a vida como jogador estrangeiro havia finalmente terminado. Conquistei meu último título de campeão pelo Atlético Paranaense, mas a minha partida final só aconteceria em 2004, na Inter de Limeira. Estávamos competindo o Campeonato Paulista, e jogaríamos contra o time Paulista de Jundiaí. Naquele dia, logo após o almoço, fui para o quarto descansar um pouco. Quando deitei minha cabeça no travesseiro, algo em minha consciência disse: "Hoje será o seu último jogo". Aquele pensamento continuava a persistir até o início da partida, e ainda faltavam quatro disputas para o fim do campeonato.

No decorrer do jogo, fiz um gol de cabeça. Mas empatamos por 3 a 3 e já não tínhamos mais chance de avançar na competição, então voltamos para a casa. Aquele foi o último gol da minha carreira como jogador de futebol em clubes profissionais, e, com ele, eu me despedia da fase que vivi durante vinte anos. Apesar da tristeza, eu me senti aliviado quando percebi que uma temporada tão gratificante da minha vida havia, enfim, se encerrado. Entendo que isso pode soar contraditório: como poderia estar tranquilo em um momento de despedida?

Aquela sensação me fez recordar o falecimento de meu pai. Lembro que, na época, sabia que a hora dele havia chegado e, mesmo triste, entendi que devia abrir mão e deixá-lo ir. Décadas depois, já com 38 anos de idade, eu me vi numa situação parecida: era, novamente, o tempo de dizer adeus. Às vezes, o ímpeto de não "largar o osso", mesmo depois de roído, acaba nos prendendo em etapas que já deveríamos ter superado, pelo medo de entregar algo que um dia nos foi de grande valor. Mas tentar agarrar aquilo que já está por escapar de nossos dedos só causa fadigas. Aprendi que Deus tem um tempo determinado para todas as coisas (cf. Eclesiastes 3.1), e quando caminhamos de acordo com a vontade dele, o fardo se torna leve (cf. Mateus 11.28-30). Por essa razão, com alívio, pude seguir adiante e entrar na nova porta que o Senhor abriria.

É claro que sentiria falta da rotina regrada, dos treinamentos e da disciplina de uma vida de atleta. Com certeza, o meu dia a dia não seria mais o mesmo, e eu precisaria de tempo para me readaptar. Mas isso não significava que jamais viveria a experiência de pisar no gramado novamente, porque os jogos da Seleção Brasileira de Masters estavam para começar naquela mesma época. Essa modalidade ganhou maior visibilidade no fim da década de 80 — pela participação de grandes nomes do futebol, como Pelé —, e tinha o intuito de reunir diversos craques que já haviam encerrado suas carreiras como jogadores profissionais. Ainda tive a oportunidade de competir em lindos estádios, viajar o mundo e participar de preliminares em grandes jogos, o que ajudou a amenizar parte da saudade e me garantiu uma transição suave.

Por isso, posso dizer que encerrei a carreira como jogador, mas não parei de jogar. Além disso, tive a honra de participar da Seleção Brasileira durante toda a minha vida: no Sub-20, quando ainda jovem, na equipe principal e, por fim, no time de Masters. Caminhei uma jornada bonita e vitoriosa, e cheguei em lugares que jamais imaginaria alcançar. As memórias que adquiri aquecem o meu coração sempre que olho para trás, por isso agradeço cada conquista, cada amizade que ganhei e cada aprendizado. Poucos sentimentos se comparam à sensação de poder celebrar um golaço em meio aos gritos de emoção da torcida no estádio, quando cada segundo parece se desembrulhar em uma eternidade e sua felicidade é compartilhada com milhares de pessoas ao redor. Vivi tão intensamente esses instantes, que posso revisitar cada um deles em minha mente sempre que eu quiser, e isso é um tesouro que ninguém jamais poderá me roubar.

Eu me alegro também por continuar fiel aos meus valores, mesmo depois de me aposentar como jogador. Continuo sendo o mesmo Silas, carregando os ensinamentos de Geny e Alberto, e ainda busco manter o meu caráter firmado nos princípios de Deus, que têm me abençoado todos os dias. Pela sua graça, fui capaz de não me render à vaidade, ao consumismo ou ao amor exacerbado pelo dinheiro. Evitei as drogas, o álcool e não andei por caminhos tortos — apesar de, infelizmente, ter visto muitos colegas meus fazerem escolhas ao longo de suas carreiras que comprometeram suas vidas pessoal e profissional.

“

Minha identidade foi muito enriquecida pela cultura dos países por onde passei.

Em alguns momentos, é fácil se deixar ser atraído pela sedução da fama, e o sucesso pode subir à cabeça se não estivermos atentos. São tentações traiçoeiras que nos cercam em todo momento, e que podem nos transformar em pessoas egoístas, desonestas e vazias. Durante toda a minha trajetória, busquei guardar meu coração das maldades e fazer a diferença no mundo do esporte, não apenas com habilidades físicas, mas também com uma postura que refletia minhas crenças e valores. E, assim, espero ter deixado a minha marca nos gramados — e fora deles.

"VOCÊ LEVA JEITO"

Foi com esse sentimento de alívio e gratidão que pude dar novos passos na minha carreira. Pensar nesse período me lembra da passagem que retrata os sentimentos dos discípulos logo após a morte de Jesus, quando choravam por pensar que tinham perdido a sua última esperança de um salvador para seu povo. Eles haviam acabado de presenciar inúmeros milagres, receberam revelações, viram pessoas sendo libertas de demônios e doenças, e tiveram a oportunidade de caminhar ao lado do próprio Deus. Mas ele se fora, e aquela fase gloriosa havia terminado. Além disso, foram surpreendidos pela notícia de que o corpo de Jesus havia desaparecido. O que fariam a seguir? Como continuar?

Porém, o que não entendiam era que Cristo precisava partir. Tudo o que viveram até ali jamais seria esquecido, mas era tempo de experimentarem a presença do Espírito Santo, que os capacitaria a continuarem caminhando nos passos do Mestre. Os discípulos não deviam ficar olhando para o passado, mas, com coragem, espalhar o Evangelho por toda a Terra.

Havia ainda uma boa notícia. Enquanto as mulheres choravam por não terem encontrado o corpo de Jesus no sepulcro, anjos apareceram e anunciaram: "Por que vocês estão procurando entre os mortos aquele que vive? Ele não está aqui! Ressuscitou!" (Lucas 24.5-6a). Era uma ocasião para se alegrar, porque diversas vidas continuariam sendo salvas por meio da pregação dos apóstolos a respeito do que viram e ouviram durante os anos em que andaram com o Messias, assim como está escrito: "Em verdade lhes digo que aquele que crê em mim fará também as obras que faço; *fará coisas ainda maiores do que estas*, porque eu vou para o Pai" (João 14.12, grifo nosso).

Essa experiência nos ensina sobre o término de ciclos: eles começam, prolongam-se e, por fim, são encerrados. Cabe a nós discernirmos cada estação e confiarmos no direcionamento divino. E, assim como os discípulos, encorajado pelas promessas de Deus, não fiquei apegado ao que passou, mas continuei caminhando — ainda faria novas amizades e viveria muitas experiências, como a que contarei a seguir.

Foi durante a minha participação na seleção de Masters que me aproximei de alguém que, hoje, é um grande amigo: Zetti, um ex-futebolista que jogava na posição de goleiro e foi essencial para a minha transição de carreira — no passado, já havíamos atuado juntos em alguns jogos com a camisa verde e amarela.

Por volta de 2005, logo que parei de jogar como profissional, decidi abrir uma escola de futebol com meus dois irmãos, chamada Silas Sport Center, em Campinas. Desde que era jovem, meus colegas diziam que eu tinha vocação para professor, porque sabia ensinar e reconhecer talentos quando via outros jogarem. Durante meu tempo no Atlético Paranaense, meu técnico comentou: "Você leva jeito!". E, nas vezes em que estive no banco de reserva, ele dizia:

— Preste atenção nos jogadores e depois diga para mim o que achou. Quero saber qual a sua perspectiva, e quem sabe coloco em prática alguma dica que você me der.

Apesar de ainda não ser um treinador de fato, eu já começava a exercer a função mesmo sem me dar conta. Então, depois que me aposentei, entendi que seria uma boa ideia dedicar meu tempo a ensinar o esporte para crianças, e, quem sabe, investir em jovens talentos. Passei dois anos dando aulas e aprimorando minhas habilidades na área de treinamento, ensinando não apenas as questões técnicas do futebol, como também a importância da saúde na rotina de um atleta — que incluía o cuidado com o corpo, uma boa alimentação, períodos de descanso adequados e atenção à saúde mental.

Com isso, pude perceber que existe uma vida do outro lado do futebol, além daquela que eu experimentei como jogador. Estive também em contato com vários pais, e sei que fui capaz de impactar muitas crianças com aquele serviço, incentivando-as desde pequenas a seguirem seus sonhos e se esforçarem para alcançá-los.

Certo dia, em meio a essa nova jornada, na qual eu estava me dedicando com muito empenho, um pastor foi nos visitar na escola e me disse que aquele trabalho não duraria tanto tempo:

— Isso aqui é temporário, e você receberá um convite para trabalhar como técnico — ele me anunciou.

No decorrer da minha caminhada como cristão, entendi que o Senhor pode se comunicar conosco de diversas formas: por meio das Escrituras, durante os momentos de culto na igreja, pela voz interior do Espírito Santo em meu coração, ou até mesmo quando peço alguma confirmação — como no caso do inesquecível gol que marquei contra o Boca Juniors, na época em que estive no San Lorenzo. Mas também podemos discernir o direcionamento divino por meio do conselho de outras pessoas, homens e mulheres de Deus que estão sensíveis a sua voz, assim como acontecia nos tempos bíblicos, quando ele falava por meio de seus profetas. Por isso, guardei as palavras daquele pastor em meu coração e esperei pelas oportunidades que o Senhor me daria. Foi, então, que meu amigo Zetti recebeu um convite para ser o técnico do Paraná Clube, e logo entrou em contato:

— Você quer ir comigo? — ele perguntou, oferecendo um cargo de auxiliar técnico.

Confesso que, de início, a profissão não me parecia muito atraente, porque eu sabia que a vida de um técnico pode ser muito solitária — e, no futuro, eu sentiria isso na pele. Mas, depois de pensar a respeito, decidi aceitar a proposta e dar um novo rumo à minha carreira ao lado do Zetti. Meus irmãos também acabaram por seguir o mesmo caminho, tornando-se treinadores de outros clubes profissionais. Assim, deixei a escola de futebol para o meu sócio e ali se encerrava o período de transição de uma rotina em campo, para outra com os olhos atrás da prancheta.

Zinho (campeão do Mundo em 1994), Silas, Tite (técnico do Flamengo) e César Sampaio (ex-jogador do Palmeiras).
Crédito da foto: Autor desconhecido.

CAPÍTULO 9

PROFESSOR SILAS

INICIANDO MINHA CARREIRA COMO TÉCNICO, TIVE DE aos poucos aprender que a minha vida seria muito diferente daquilo que experimentei quando era jogador de futebol. Estava saindo da posição de liderado para me tornar um líder. Eu, que antes precisava me preocupar apenas com meu próprio desempenho, agora devia cuidar da performance de outros 30 atletas. Confesso que essa tarefa foi um grande desafio, talvez o mais difícil que enfrentei até aquele momento, além da pubalgia. Eram jovens e adultos de diversas faixas etárias, entre 17 e 38 anos; alguns tinham idade para serem meus filhos, outros já eram pais e administravam suas próprias famílias — assim como eu —, e havia ainda os que poderiam ser meus netos. Entendi que, a partir daquele ponto, eu deveria me portar como um gestor de pessoas — mais do que isso, um modelador de carreiras.

Vou explicar melhor o que quero dizer. Em times maiores, por exemplo, o desejo dos jogadores já não é mais ganhar dinheiro — isso eles têm aos montes. A briga, ali, passa a ser por glória: querem reconhecimento, admiração, fama, anseiam por grandes títulos e sonham em carregar o nome de “o melhor do mundo”. Como treinadores, cabe a nós a responsabilidade de habilitar esses atletas para que consigam deixar sua marca na história dos esportes — a pressão é constante, nem todos estão preparados para lidar com ela. Infelizmente, a tendência é desmoronarmos num universo de vaidades, no qual as pessoas se tornam egoístas e desonestas, porque querem alcançar o que desejam a qualquer custo. Logo percebi que não seria fácil manter os meus princípios intactos em meio àquela profissão, e, muitas vezes, tive de estar vigilante, ser firme em meu posicionamento e exercitar a paciência para suportar situações complicadas.

AUXILIAR TÉCNICO

Comecei aprendendo tudo o que podia ao lado do Zetti, como auxiliar de técnico. Passamos pelo Paraná Clube, depois Atlético Mineiro, e, por último, atuamos juntos no Fortaleza. Eu me lembro até de uma situação desconfortável que vivenciei quando jogávamos em Santo André, na Série B. Ao fim da partida, encontrei três homens;

um deles era meu conhecido da vida no esporte e se aproximou para conversar comigo:

— Oi, Silas! Tudo bem? Estes aqui são meus sócios — apresentando a mim dois homens. Cumprimentei ambos com um aperto de mão. — Estamos procurando um camisa 10.

— Nós jogamos contra o Remo, em Belém, e vi um camisa 10 que gostei bastante — comentei.

Trocamos mais algumas palavras e me despedi deles. Tempos depois — período em que já estava atuando sozinho como técnico —, andava casualmente pelo shopping, quando meu telefone tocou: um daqueles três homens me ligava.

— Oi, Silas! Eu estava com aquele seu amigo lá em Santo André, lembra? — disse ele.

— Ah, lembro sim — respondi.

— Eu queria que você passasse o número da sua conta.

— O quê? — fiquei surpreso com aquele pedido.

— Seguimos o seu conselho e contratamos o camisa 10 que você tinha comentado. Acabamos de vendê-lo para outro clube, e queríamos dar a sua parte do dinheiro.

— Espera aí, você está me oferecendo dinheiro, porque eu disse que o jogador do Remo era bom?! — fiquei indignado.

— É a forma como costumamos trabalhar — respondeu ele.

— Eu tenho reconhecimento no clube em que trabalho, e não vou jogar isso fora. Faça-me o favor de não me telefonar nunca mais! — afirmei, e desliguei o telefone logo em seguida.

De forma alguma eu associaria o meu nome a atitudes como aquela, e me recusei a fazer parte de um sistema mal-intencionado. É triste ver como o mundo dos esportes, às vezes, pode ser movido pela ganância. Mas Deus chama os seus servos para serem luz na Terra, por onde quer que passarem, e eu sempre me esforcei para não cair na influência de pessoas com falhas de caráter, principalmente em minha vida profissional. Sei que estou longe de atingir a perfeição, porém, pela graça de Deus, não caí em esquemas corruptos nem coloquei o dinheiro acima daquilo que acredito ser o correto — sou grato por ter tido ao meu lado pessoas que me auxiliaram na caminhada com Jesus, porque sozinho eu jamais teria suportado as muitas tentações.

Aquele episódio foi um alerta para mim, mas não me abati. Continuei seguindo meu propósito, dedicando-me cada mais vez mais na missão de me tornar uma melhor pessoa e um profissional de excelência. Fiz diversos cursos, entre eles o da CBF Academy, que é a unidade educacional da Confederação Brasileira de Futebol: da Licença A até à Licença Pró. Com isso, pude aperfeiçoar o meu currículo na área técnica. Também fiz diversas viagens ao exterior para aprender com grandes nomes do esporte e buscar referências. Visitei o mundo árabe e me hospedei na casa de Gustavo Quinteiros, um ex-jogador argentino — naturalizado boliviano — e treinador, que conheci na época do San Lorenzo.

Ele atuava como técnico na Seleção da Bolívia, e eu estava interessado em entender os métodos que utilizava. Em nossas conversas, aprendi sobre tipos de treinamento, como espelhar um time com outro, a forma de preparar um jogo, quais eram suas regras em relação à disciplina e como trabalhar nas diferentes escolas — cada tipo, seja ele argentino, brasileiro ou africano, possui uma tática específica. Visitei ainda o clube de futebol de Watford FC, na Inglaterra, e o Olympique de Marselha, na França, onde adquiri um entendimento mais profundo das escolas europeias como parte dessa preparação.

CARREIRA SOLO

Minha jornada profissional ao lado do Zetti terminou no Fortaleza, por volta de 2007, quando entrei no lugar dele e dei início à carreira solo. Sendo auxiliar, fazia o elo de comunicação entre os jogadores e a diretoria. Também agia como uma espécie de blindagem para o técnico, assumindo sozinho tarefas específicas, o que evitava uma sobrecarga para ele. Por isso, pude me aproximar do time e, quando sua saída aconteceu, fui o escolhido para ocupar o cargo. Na verdade, é dessa forma que a maioria dos auxiliares passa a atuar como técnico de fato: estabelecem um bom relacionamento com os jogadores e são, então, recomendados.

“

Entendi que, a partir daquele ponto, eu deveria me portar como um gestor de pessoas — mais do que isso, um modelador de carreiras.

É importante ressaltar que eles estão sempre submetidos a um contrato de risco. Isso significa que podem ser demitidos a qualquer momento se a diretoria achar que não alcançaram o desempenho esperado. Ou seja, são contratados, mas não sabem por quantos jogos irão durar no time, o que é especialmente frequente no Brasil e causa grande desgosto na classe de treinadores. Além dessa instabilidade e incerteza, há muitos profissionais para poucos clubes — são mais de 2.000 para cerca de 60 times, em que apenas metade paga os salários em dia; sem contar o fato de que grande parte prefere contratar estrangeiros.

Meu primeiro desligamento ocorreu no Fortaleza, quando ficamos fora da final do Campeonato Cearense. Naquele momento, compreendi que as pessoas que detêm a caneta com tinta para me mandar embora sabiam muito pouco sobre as táticas do futebol, mas, infelizmente, era exatamente delas de quem eu dependia.

Um jogador precisa de, no mínimo, cinco jogos para alcançar uma boa performance, e isso é denominado processo de soltura física, no qual seu corpo vai aquecendo e perdendo dureza conforme ele ganha velocidade e ritmo ao longo das partidas, consequentemente a parte técnica e o entrosamento acompanham esse processo. O que acontece é que grande parte da diretoria dos clubes não considera esses fatores, já que, para eles, o objetivo é sempre ganhar, ganhar e ganhar. Por sofrerem constantemente uma forte pressão — ninguém escapa das cobranças —, acabam extravasando nos técnicos e, ao notarem que o time não está vencendo as competições como esperado, eles nos mandam embora.

Eu já estava ciente de que passaria por isso. Então, a demissão não me surpreendeu, porque sabia que aquela forma de agir fazia parte da cultura do futebol brasileiro. Em outros países, como na Argentina, Inglaterra ou Espanha, por exemplo, os treinadores têm a noção de que serão desligados, mas permanecem até o fim da temporada. Aqui, não existe esse respeito, e entendi que, para permanecer naquela profissão, eu precisava aprender a ser demitido, por mais estranho que possa soar.

Encerrada a minha passagem pelo Fortaleza, fui contratado pelo Avaí Futebol Clube, sediado em Florianópolis. Quando cheguei, fazia trinta anos que o clube não jogava na primeira divisão. Naquela época, experimentei pressões por parte da torcida e da imprensa, e precisava mostrar que sabia o que estava fazendo — já que, aos olhos dos outros, eu ainda era muito inexperiente. De oito jogos, ganhamos sete e empatamos um; foi um trabalho maravilhoso que realizamos naquela temporada. O presidente do time, João Nilson Zunino, ficou muito contente com a minha atuação e disse: "Vamos renovar o contrato dele!". No ano seguinte, subimos para a Série A, porém, na nona rodada, estávamos em vigésimo lugar — ou seja, na zona de rebaixamento. Foi quando meu nome começou a sair nos jornais, e as manchetes faziam piadas de mau-gosto envolvendo minha imagem. Eu me sentia massacrado.

Por causa do estresse, desenvolvi alergias pelo corpo e estava constantemente ansioso. Essa é a triste realidade de muitos profissionais do futebol. Certa vez, em uma aula da CBF, um psicólogo e professor nos mostrou a estatística de que um número assustador de treinadores tinha propensão à síndrome do pânico na velhice. De fato, éramos incapazes de descansar: quando uma partida terminava, logo precisávamos pensar na próxima; durante as férias, estávamos contratando novos jogadores; recebíamos ligações da diretoria em todo momento. Não é de se admirar que alguns técnicos brasileiros sofram de sobrepeso, carreguem um semblante abatido, chegando até a perder os cabelos.

Eu tive a sorte de contar com o apoio do presidente do clube naquela época. Ainda guardo na memória o dia em que perdemos para o Atlético Mineiro. Era um sábado. Na manhã seguinte, Zunino ligou para Eliane.

— Cadê o Silas? — perguntou.

— Ele está dando treino — ela respondeu.

— Como assim? Hoje é domingo, dia de folga.

— Ele está treinando os atletas que não jogaram ontem.

— Hoje é aniversário da minha filha. Quem mais está com vocês? — perguntou o presidente.

— Meu filho Calebe também está aqui.

— Então traga o Silas e o Calebe, e venham comemorar conosco. Quero vocês aqui!

“

Sei que estou longe
de atingir a perfeição,
porém, pela graça de Deus,
não caí em esquemas
corruptos nem coloquei o
dinheiro acima daquilo que
acredito ser o correto.

Eliane aceitou o convite e lá fomos nós. Quando chegamos, ele foi logo dizendo:

— Tenho acompanhado o seu trabalho. Então não pare, porque só vai deixar o cargo de treinador quando eu achar que deve deixar. Hoje, você tem toda a minha confiança.

Foi muito importante para mim ouvir aquelas palavras e receber uma dose de incentivo em um tempo tão turbulento e cercado de cobranças. Seria mais fácil — e previsível — que Zunino acompanhasse o caminho dos outros clubes e me mandasse embora, mas decidiu acreditar no meu potencial. Pude, então, construir um projeto a longo prazo, o que traria melhores resultados. Meu esforço estava sendo reconhecido, e eu continuaria a fazer o que achava ser o melhor para o time. Com as energias renovadas, voltamos ao trabalho.

O Avaí foi o primeiro clube que assumi totalmente sozinho, éramos o último da tabela, e, quando um time começa a perder os jogos, é costume culpar a inexperiência do técnico — apesar de existirem sempre justificativas para substituir alguém: "Muito novo!"; "Velho demais!"; "Não funcionava na equipe!". Então, jogamos contra o Goiás, em Goiânia, e, especialmente naquele dia, havia sete diretores que nunca viajavam com o time. Comecei a ficar paranoico e sentia como se seus olhares estivessem todos fixos em mim — o medo de fracassar só aumentava. Então desabafei com o meu amigo Johnny Monteiro, que estava morando em Goiânia na época:

— Johnny, se não ganharmos, eu serei mandado embora. O jogo está cheio de diretores.

Mas para a minha grata surpresa, a nossa arrancada iniciou exatamente naquela partida, e vencemos por 2 x 0.

Dos próximos dez jogos, ganhamos sete e empatamos três — um recorde invicto. De vigésimo, subimos para o quarto lugar no Campeonato Brasileiro, e essa escalada chegou até a aparecer em uma reportagem feita pela FIFA. Terminamos em sexto, e foi a melhor campanha da história do clube. Até hoje, ainda sou o técnico mais importante que passou pelo Avaí, porém, claro, não posso receber todo o mérito por tudo o que conquistamos.

Além de ser encorajado pelo presidente, eu recebia os meus salários em dia, ninguém se machucou naquela temporada, o clube segurou os atletas durante a janela de transferência — o que permitiu uma progressão contínua nos treinamentos, em vez de termos de nos readaptar com jogadores novos, — e a diretoria manteve uma relação de cumplicidade com a comissão técnica. Também tínhamos o apoio do Guga, Gustavo Kuerten, que era nosso fã número um. Nos momentos em que não conseguíamos atuar bem em campo, eu preparava um churrasco para unir o time e convidava Guga para impulsionar os atletas. Ele não só discursava, como também nos servia — um homem fora da curva, campeão não só nas quadras, mas também fora delas.

Todos esses fatores contribuíram para o sucesso de nossa equipe. Escolhemos andar na contramão do que todos estavam fazendo — posso afirmar que, como cristão, sempre passei por situações como essa, nas quais precisei resistir à pressão de fazer algo só para seguir a maioria —, por isso creio que conseguimos alcançar a vitória nos gramados.

VIDA DE TÉCNICO

É bem verdade que as conquistas vêm acompanhas de um alto preço. Nessa época também não foi diferente. Alguns episódios me deixavam chateado até nos meus momentos de relaxamento. Certa vez, quando fui ao cinema, peguei a última sessão, como costumava fazer, porque, quando o filme acaba, o shopping está vazio e há menor chance de alguém me reconhecer — o ataque da mídia e das torcidas era voraz, e eu me sentia ansioso de sair na rua ou até mesmo de comer em algum restaurante. Naquela noite, após sessão, fui até o estacionamento buscar o meu carro e encontrei uma fila de outras pessoas que também estavam saindo do cinema. Atrás de mim, havia um casal, cujo homem fez o seguinte comentário:

— Professor Silas, vou torcer para você, hein...

— Ah, muito obrigado — respondi, virando para trás.

— Para você perder — ele completou. Acredito que era um torcedor do Figueirense, nosso time adversário.

Notei as risadas de outras pessoas que aguardavam na fila, e aquele comentário estragou uma noite que eu havia separado para descansar e espairecer. Irritado, falei:

— Primeiramente, não é o professor que está aqui. Sou uma pessoa comum e, assim como você e sua esposa, vim ao cinema para relaxar, desestressar e sair um pouco da rotina do futebol. Em segundo lugar, você tem noção de que está torcendo contra o meu trabalho? Por causa dele, meus filhos têm comida na mesa e posso pagar pelos seus estudos. Eu vivo disso. Imagine se eu torcesse pelo seu fracasso na vida profissional, você iria gostar?

Todos os que riram ficaram em silêncio e abaixaram a cabeça. Sua esposa o cutucou e disse: “Viu? Falei para você ficar quieto!”.

— Não vou agir da mesma forma que você — completei. — Que Deus o abençoe e que você tenha muito sucesso na sua vida e em seu casamento.

Então, peguei o meu carro e fui embora. Anos depois, olhando para trás, fico feliz que pude abençoá-lo em vez de dizer palavras maldosas, apesar do incômodo que passei. Sei que aquele rapaz jamais se esquecerá do que aconteceu, e conto essa história para que todos saibam da importância de sermos empáticos e gentis com todos os que cruzam o nosso caminho. Devemos enxergar quem está por trás de um profissional, seja um jogador, um técnico, um garçom, um lavador de carro: ali está um ser humano, que tem emoções, nervos e família.

Ao longo da minha jornada como treinador, encontrei diversas pessoas que me atrapalharam — com críticas, piadas, exigências, exposição, importunações, palpites indesejados de quem não tem experiência alguma no ramo —, mas poucas pareciam dispostas a ajudar. Esse desgaste é o que nos faz envelhecer e nos leva a criar uma casca grossa, contra tudo e todos.

Há também uma situação que traz muito desgaste emocional, que é comumente enfrentada por treinadores: quando finalmente conseguimos preparar um jogador, nós o vemos ser comprado por outro clube. Isso me desanimava bastante, além das fases de muita solidão que enfrentei, como se o peso da equipe inteira estivesse sobre meus ombros e eu tinha de carregá-lo sozinho. Sem contar o fato de que, em algumas ocasiões, eu estava distante da família.

Sentia falta dos meus filhos e de minha esposa, porque, quando me tornei técnico, tive de viajar muito e nem sempre eles podiam me acompanhar. Imagine: fazer uma mudança, alugar uma casa, trocar as crianças de escola, e dois meses depois ser mandado para outro lugar, tendo de desfazer tudo e ir embora. Não é um estilo de vida sustentável, então sempre me deslocava sem eles e sabia que minha família sentia a minha ausência, principalmente Eliane — eu não havia casado para ficar sozinho. Felizmente, a igreja foi para nós uma bênção durante aquele tempo, e nossos parentes e amigos sempre nos deram suporte quando precisávamos.

Porém, a cada dia que passava, via a necessidade de estar mais presente na vida dos meus filhos, e suspeitava que, em alguns anos, teria de tomar importantes decisões e escolher quais seriam as minhas verdadeiras prioridades. Em certas fases da vida, é comum sentirmos aquele pressentimento de que um ciclo está para se encerrar, quando mudanças começam a acontecer não apenas ao nosso redor, mas dentro de nós — da mesma forma como foi na minha transição de carreira. O olhar a respeito das circunstâncias amadurece, adquirimos sabedoria, passamos a apreciar novos hábitos e a notar detalhes do cotidiano que não enxergávamos antes com tanta nitidez. As crianças pareciam crescer em um piscar de olhos, e eu percebia o quão preciosos eram os momentos de descanso ao lado de minha esposa — ali, o meu desempenho não importava, a cobrança diminuía, e o tempo parecia desacelerar enquanto apenas desfrutávamos da presença um do outro. Sim, a vida estava prestes a mudar.

Mas enquanto isso não acontecia, os desafios me ofereceram a oportunidade de amadurecer como líder e acumular aprendizados. Aperfeiçoei minha maneira de trabalhar em equipe, compreendi que devia ser justo com os jogadores e escolher quem de fato merecia estar em campo — independentemente da idade ou da experiência, o esforço de cada um era o que realmente gerava resultados. Ao longo da carreira, também perdi o medo de ser mandado embora e entendi

“

A disciplina é uma chave essencial no mundo do esporte.

que era mais sábio seguir minhas convicções — e tomar minhas próprias decisões —, em vez de ceder aos palpites alheios ou pressões das diretorias. É claro que contei com o apoio das comissões técnicas, e até mesmo os presidentes podiam dar suas sugestões, mas eu devia ter em mente que, se havia sido contratado, é porque acreditavam no meu trabalho e na forma como administrava os times.

Com isso, exercitei minha autoconfiança e construí uma reputação. Porque, quando um clube se mostrava interessando em me contratar, eles tinham o costume de ligar para o meu time anterior e perguntar: "Como é a postura do Silas?". Eu não queria que a resposta fosse algo como: "Ele sempre faz o que a gente quer, é só pressionar um pouco". Meu desejo era de estar com pessoas que tivessem segurança naquilo que eu poderia oferecer como técnico, que admirassem minha carreira, e não com uma equipe que estivesse sempre tentando mudar a minha maneira de trabalhar.

Ao longo do tempo, fui capaz de atuar com mais solidez e determinação junto aos atletas. A disciplina é uma chave essencial no mundo do esporte, e os jogadores devem aprender a respeitar o técnico dentro e fora dos campos. Agia com pulso firme e carregava o famoso lema: "o combinado não sai caro". Estabelecia regras objetivas e deixava claro que haveria punições caso fossem quebradas. Isso também contribuiu para a construção da minha imagem, porque, quando novamente um clube perguntasse a meu respeito, as pessoas poderiam responder: "Ele é seguro de si e sabe como disciplinar uma equipe". Da mesma forma, quando se interessassem por algum jogador, eu diria: "É um rapaz obediente, esforçado e tem foco". Então, ao criar um bom relacionamento, todos saíam ganhando, e eu sempre enfatizava esse princípio nos vestiários:

— Faça o seu melhor, seja honesto e trabalhe muito. Porque a sua referência para ser contratado por outro clube sou eu. E a minha, será você —, e assim nos ajudávamos.

Com tal postura, desenvolvi relações de transparência e tive o privilégio de atuar em ambientes muito bons. Creio que essa é a vida de um treinador: conseguir inspirar o time e gerar espírito de equipe. Devemos impulsioná-los em seus talentos e ensiná-los, não só a respeito do futebol, mas também sobre educação financeira, descanso, cuidados com a saúde física e mental. Além de tudo isso, os clubes devem oferecer uma alimentação balanceada, bons campos de treinamento, camas confortáveis, salários pagos em dia e uma equipe de profissionais qualificados — médicos, fisioterapeutas, psicólogos. Às vezes, perdemos jogadores por causa de discussões e cartões vermelhos — ou seja, não possuem equilíbrio emocional —, também por acabar se lesionando — sem a preparação física adequada. Todos esses fatores são essenciais para que um time se torne campeão. Até mesmo a pressão da torcida pode afetar o desempenho de um atleta.

Ter essa dimensão geral me ajudou a entender que os resultados ruins nem sempre significavam que eu era um mau profissional, que agi errado ou fui incompetente. Não podemos controlar tudo o que acontece. Mesmo com as partidas perdidas, as manchetes maldosas nos jornais e as demissões, sou grato pelas vitórias que obtive e por tudo o que Deus me permitiu experimentar como técnico de futebol.

Considerando tudo o que aprendi nesses anos, trago à memória um conselho que recebi de Carlos Alberto Parreira, um dos melhores técnicos da Seleção Brasileira que já existiu. Ele costumava dizer que há três momentos importantes na carreira de um treinador. Nos primeiros dez anos, deve-se focar em estudar, aprender novos idiomas e táticas específicas de cada escola, trabalhar muito e conquistar seu espaço — sempre aberto às oportunidades que surgirem. Na segunda fase, devemos desfrutar de todas as experiências acumuladas e do sucesso obtido. E, por último, é preciso entrar no período das significâncias, que é quando você recebe propostas de contratos milionários, mas prefere recusar, porque quer estar com seus filhos, acompanhar o crescimento dos seus netos, ou aproveitar atividades simples do cotidiano, como pescar, pintar um quadro, cuidar de um jardim. E era ali onde eu me encontrava, cansado de ficar sozinho e de sacrificar meu precioso tempo com minha família. Já não estava mais feliz. Então, com esse ensinamento em mente, concluí que chegava o fim da minha trajetória profissional dentro dos campos.

Fernando Prass (ex-goleiro Palmeiras), Fábio Luciano (ex-zagueiro Corinthians), Silas, André Plihal (repórter ESPN), Luís Fabiano (ex-atacante SPFC).
Crédito da foto: André Plihal.

CAPÍTULO 10

HORA DAS SIGNIFICÂNCIAS

APÓS A MINHA PASSAGEM PELO AVAÍ FUTEBOL CLUBE, tive a oportunidade de atuar em times, como Grêmio, Flamengo, Náutico e até mesmo no Qatar, onde eu e minha família moramos por duas temporadas. Ao longo de onze anos trabalhando como técnico, alcancei grandes vitórias, e essa ascensão permitiu que, aos poucos, eu me familiarizasse com a mídia e a imprensa: dava entrevistas coletivas e individuais antes dos jogos e no fim das partidas, aprendi a falar em frente às câmeras e recebi convites para participar de programas de esporte. Foi, então, que me aproximei da ESPN.

Tínhamos muitos contatos em comum — figuras importantes que conheci pelo futebol —, e a emissora costumava me pedir para gravar vídeos curtos que eram exibidos durante as programações:

— Teremos um convidado especial conosco, um grande amigo seu. Que tal mandar um abraço para ele e fazer uma pergunta? — diziam ao vivo.

Nas vezes em que meu time era campeão, também me chamavam para realizar entrevistas. Com o tempo, nosso laço foi se estreitando, e minha desenvoltura chamou a atenção dos diretores, até que começaram a me fazer algumas ofertas:

— Silão, queremos você aqui na ESPN como parte do elenco!

UMA DECISÃO A TOMAR

Foram três anos relutando em aceitar aquela proposta. Porém, enquanto orava e pedia a Deus sabedoria, eu lembrei de dois questionamentos importantes que me ajudaram a encontrar um norte: "Quanto tempo tenho pela frente?" e "Como pretendo gastá-lo?". O salário de comentarista esportivo seria inferior ao que eu ganhava como técnico, mas eu me encontrava em uma fase diferente da vida: fama, dinheiro e sucesso já não eram grandes atrativos, se comparados ao tempo extra que poderia passar ao lado da minha família. Vivenciei experiências inesquecíveis e me sentia orgulhoso da trajetória que trilhei no futebol, mas cheguei à conclusão de que aquele era o momento de construir um legado para os meus filhos e netos, passando para eles todos os aprendizados que adquiri.

Desejava apoiá-los em suas próprias conquistas, ajudá-los a alcançarem seus sonhos e vê-los construindo algo novo para a próxima geração. Minha realização não estava mais no que eu podia fazer, mas sim no que eles fariam depois de mim. Então, se me perguntassem:

— Você aceita receber 5 milhões de euros para treinar um time na China?

Eu responderia:

— Não, obrigado. Quero levar o meu neto para caminhar em um jardim e tomar sorvete.

Quando aprendemos a discernir as estações da vida, aproveitando cada uma em seu ritmo, caminhamos melhor. Creio que seja um rumo natural para todos nós — mesmo que alguns não consigam aceitá-lo com tanta facilidade.

Todas as fases que experimentamos carregam consigo um propósito a ser cumprido: para os jovens, talvez, seja o sonho de entrar em uma boa faculdade, fazer grandes amigos e juntos criarem histórias para contar no futuro; quando adultos, ansiamos pelo emprego ideal, um cargo de prestígio, realizar uma linda festa de casamento ou formar uma família; os mais velhos, por sua vez, com seus pés já cansados da longa caminhada, têm um apreço especial pelo ordinário, desejam aproveitar as horas de cada dia com calma e tranquilidade ao lado de quem amam — o momento das significâncias. Eu sabia que devia usufruir desse terceiro tempo antes que fosse tarde demais.

Como cristão, também trago em mim o entendimento de que, além de tudo isso, estou incumbido da missão de espalhar a mensagem do Evangelho, sendo jovem, adulto ou mais velho. Por essa razão, interpretar a vontade divina para cada um desses períodos em minha vida foi algo indispensável. Com uma menor carga de trabalho, poderia participar das atividades na igreja com mais dedicação e intencionalidade. Hoje, eu e Eliane atuamos na intercessão e no ministério da família em nossa comunidade local, incentivando nossos filhos a também contribuírem para o Reino de Deus com seus dons e talentos. Eu me alegro por ter o privilégio de experimentar o cumprimento de Josué 24.15 em minha vida: "[...] eu e a minha casa serviremos ao Senhor". E acredito que isso só foi possível porque escolhi ser mais presente como pai e marido, estando próximo da família.

Levando todas essas questões em consideração, vi o cargo de comentarista como uma oportunidade de priorizar o que se tornou mais valoroso para mim no decorrer dos anos. Ainda teria a vantagem de poder descansar e continuar inserido no mundo dos esportes. Sem contar que não precisaria me preocupar com mudanças ou viagens cansativas, nem passaria pela incerteza de não saber se seria novamente contratado por algum time — às vezes, permanecer na vida de técnico não é garantia de que sempre teremos um emprego; ainda me lembro da sensação de desespero, quando ficava entre um clube e outro, enquanto me questionava "Será que vão me ligar?". Algo que também me incomodava era o fato de que toda a comissão técnica dependia de mim, ou seja, se eu fosse mandado embora, teríamos mais 5 profissionais desempregados.

COMENTARISTA NA ESPN

Finalmente, em 2019, tomei a minha decisão e informei à Eliane: "Chegou a hora".

De início, fiquei um pouco acanhando. Levei algumas semanas para me acostumar com os equipamentos de vídeo, as luzes, a rotina, a produção e os roteiros. Mas, com o tempo, e contando com a ajuda dos meus colegas, fui capaz de me familiarizar com as técnicas de quem trabalha na televisão — quantos segundos temos para falar, momentos em que entram os comerciais, treinamento de voz. Precisei estudar muito, e, ainda hoje, tenho sempre de estar atualizado com relação às novidades do esporte. Durante os programas, as informações devem estar na ponta da língua: nomes de jogadores e a quais times pertencem; nome do árbitro, quais partidas ele já apitou, como é o seu comportamento nos jogos, se possui uma postura energética, se costuma dar muito cartão dentro ou fora de casa; diretores, quais clubes são SAF[1].

---

[1] Sociedade Anônima do Futebol: criada em 6 de agosto de 2021, pela Lei 14.193/2021, garantindo a um clube de futebol a permissão de se transformar em uma empresa, ou seja, passar a ter fins lucrativos. [N.E.]

Saber todos esses detalhes nos dá mais credibilidade, porque quanto mais conscientes estivermos com relação ao assunto do dia, menos chances temos de gaguejar em frente à câmera. Além disso, em apenas alguns segundos, devemos expor nossas opiniões de forma clara e completa para o espectador, com uma linguagem adequada, sem erros crassos de português.

Uma vez, vi um comentarista elogiar um atleta que nem havia atuado em campo! Falhas como essa são inadmissíveis em rede nacional. Por isso, a preparação é tão importante.

Algumas pautas são mais específicas e exigem de nós uma pesquisa apurada e muito treinamento. Mas, pessoalmente, aprecio o fato de sempre estar exercitando a memória, e gosto da dinâmica dentro dos *sets* de filmagem e do universo televisivo. Acredito que não adianta desejarmos algo sem nos prepararmos devidamente para aquilo — seja um emprego, um relacionamento amoroso, uma viagem, uma casa; até mesmo uma criança que sonha com uma bicicleta precisa aprender a pedalar. Aos poucos, venci a insegurança de falar em público, o que acredito ser uma habilidade útil para qualquer pessoa, já que todos precisamos aprender a lidar com nossas emoções e medos. E até já recebi alguns elogios dos chefes, dizendo que falo com propriedade e faço bons apontamentos durante os programas.

Conforme conhecemos os jogadores e seus clubes, aprendemos a prever o andamento das partidas e até alguns resultados, o que é muito gratificante e revela que os estudos e a preparação valem a pena. Certa vez, estávamos comentando uma partida do Fluminense contra o Boca Juniors, e eu disse: "Agora o John Kennedy vai entrar; ele é muito corajoso. O Fluminense vai ganhar o jogo". Dito e feito: o jogador entrou em campo e fez um gol, levando o time à vitória. Logo depois, um dos meus colegas comentou: "Olha, Silão, você acabou de falar!". Em outro momento, quando o Brasil jogava contra a Argentina, falei para o elenco: "A Argentina ganha de um a zero". De novo, acertei em cheio. E nada disso tem a ver com sorte, mas com aprendizado.

Atualmente, somos dez ex-atletas compondo parte do elenco na ESPN, e temos muitos admiradores dentro da própria emissora

“

Cheguei à conclusão de que aquele era o momento de construir um legado para os meus filhos e netos, passando para eles todos os aprendizados que adquiri.

— torcedores dos clubes em que atuamos e que acompanharam nossa trajetória —, o que torna a convivência no ambiente de trabalho muito prazerosa. Considero um privilégio poder participar de uma grande empresa ao lado de pessoas que se importam com o meu bem-estar, na qual os contratos são respeitados e que me garante boa estabilidade. Por isso, sei que tomei a decisão certa quando abandonei a vida de treinador, mesmo com a diferença de renda. Para qualquer tipo de profissão, é importante colocar os prós e contras em uma balança, e avaliar se os ganhos realmente são recompensadores. Muitos têm a tendência de permanecer em um cargo porque não querem renunciar à vida luxuosa, ou por estarem apegados à fama. Mas tudo isso passa.

Desde que comecei a trabalhar, com 10 anos de idade, fui aprendendo a lidar com o dinheiro e a economizar. Fosse como *office boy*, ajudante de topógrafo, vendedor de queijo e samambaia, jogador profissional ou técnico de futebol, busquei me planejar e me esforcei com o propósito de garantir um bom futuro — tanto para mim como para minha família.

Assim como Paulo, sei o que é viver com pouco e sei o que é ter recursos em abundância (cf. Filipenses 4.12). Então, não tenho medo de largar uma profissão de prestígio. Também valorizo quem faz tudo com excelência, independentemente da função. O serviço que fazemos é entregue primeiramente a Deus, assim como diz a Palavra: "Tudo o que fizerem, façam de todo o coração, como para o Senhor, não para os homens, sabendo que receberão do Senhor a recompensa da herança, pois é a Cristo, o Senhor, a quem vocês servem" (Colossenses 3.23-24). E ele tem me abençoado em todas as etapas que vivi até aqui.

GRANDES ENCONTROS

Ao longo de minha carreira no futebol — de atleta a comentarista —, tive grandes encontros com pessoas famosas que jamais imaginaria conhecer. Foram diversas personalidades de variadas áreas, do esporte à música. Um deles, Raimundo Fagner, foi-me apresentado pelo Careca e se tornou um grande amigo com quem converso até hoje.

Lembro-me de uma das primeiras ligações que fizemos, quando cantei para ele "As velas do Mucuripe", e o deixei surpreso:

— Caramba, você conhece uma das minhas melhores músicas! — comentou.

Eu não fazia ideia de que era uma de suas favoritas, mas a história contada por meio da letra sempre me chamou a atenção — Mucuripe, localizado em Fortaleza, foi um local de chegada dos europeus, durante o descobrimento do Brasil. Desde então, sempre que Fagner me liga, ele canta essa canção.

Também conheci Ayrton Senna, Winston Groom, autor de "Forrest Gump", Yoko Ono, esposa de John Lennon, Tarcísio Meira, Roberto Carlos. Os são-paulinos Rodrigo Lombardi, Henri Castelli e Lima Duarte são artistas com quem mantive contato e com alguns ainda me relaciono. Tive a oportunidade de jogar no time "Amigos do cantor Daniel", que arrecada doações para a caridade, e assim pude me aproximar dele também. Além disso, encontrei Zezé de Camargo e Luciano, quando ainda jogava no São Paulo, Chitãozinho e Xororó e até mesmo a dupla Sandy e Junior, na época em que eram crianças. Sem contar os grandes do esporte: Maradona, Zico, Falcão, Tite, Casagrande, Pelé — no caso do Pelé, era sempre uma emoção estar perto dele, toda vez que tínhamos a sorte de vê-lo nos vestiários.

É admirável pensar que aquele menino de Campinas, nascido em uma família simples e numerosa, um dia vivenciaria tantas conquistas e teria a chance de estar no meio de pessoas tão importantes como essas. Quando sou convidado para palestrar e compartilhar minha história, costumo repetir uma frase da qual sempre gosto de relembrar: "a humildade é uma virtude traiçoeira; quando pensamos que a possuímos, logo a perdemos". Precisamos estar vigilantes para que a vaidade não nos devore e contamine nossas mentes com altivez, orgulho e presunção. Sei que, graças ao bom Deus, trilhei uma jornada gloriosa, e a ele devo todas as minhas vitórias.

Apesar de todo o sucesso que vivi, carrego comigo o alerta de Paulo: "Assim, aquele que considera estar de pé, cuide-se para que não caia!" (1Coríntios 10.12). Isso me ajuda a entender que não sou melhor do que ninguém, e estou suscetível a cometer os mesmos

“

Para qualquer tipo de profissão, é importante colocar os prós e contras em uma balança, e avaliar se os ganhos realmente são recompensadores.

erros que qualquer um a minha volta. Sendo campeão, famoso, jogador camisa 10 ou aparecendo na televisão para todo o Brasil, ainda preciso da ajuda de Deus a cada manhã, e sou dependente da sua misericórdia. Enquanto caminho com ele, experimento perrengues, derrotas e falhas, mas também momentos de glória, o que gera em mim equilíbrio e molda o meu coração.

Recordo do dia em que fomos campeões da Copa do Emir[2], o campeonato mais importante do Qatar. Depois de alcançarmos o título, fui convidado a me sentar ao lado do próprio Emir, enquanto ele me oferecia *haruf* — uma carne de carneiro. Não havia honra maior do que esta: ser servido pelo líder do país. Comentei com o meu auxiliar que estava sentado em outra mesa: "Aproveite, porque nunca mais vamos ter uma oportunidade como esta". São ocasiões que Deus usa para nos presentar, mas não permito que elas me transformem em alguém convencido, de nariz em pé. Não sou apegado a esses tipos de luxo nem sou movido por eles — vejo o mesmo em Eliane e nos meus filhos —, e me alegro por poder dizer isso.

Algumas pessoas podem se tornar mal-acostumadas, e passam a exigir sempre um "tapete vermelho, velas e champagne" toda que vez que são recebidas nos lugares. O coração delas está nas riquezas que o mundo pode oferecer e nos prazeres que o dinheiro é capaz de comprar, mas acredito que tudo isso nos transforma em indivíduos superficiais que perseguem futilidades. A Bíblia afirma que devemos nos humilhar debaixo da poderosa mão de Deus, para que ele nos exalte em tempo oportuno (cf. 1Pedro 5.6), o que nada tem a ver com autocomiseração ou baixa autoestima, mas com uma postura dependente do agir do Espírito Santo em nós. No livro de Gálatas, lemos sobre como a mansidão, alegria, paz, bondade são obras do Senhor em nós; é ele quem molda o nosso caráter para que sejamos mais parecidos com Cristo a cada dia, não há mérito nosso. Vivo fundamentado nesses princípios, mesmo que eu esteja almoçando uma carne de carneiro ao lado do rei do Qatar.

---

[2] Emir é o termo utilizado para se referir ao líder militar e político da tradição muçulmana. [N.E.]

Quando sou chamado para dar palestras em igrejas, frequentemente me perguntam:

— Quanto você cobra?

— Não cobro nada — sempre respondo.

— Você não aceita ofertas?

— Se Deus tocar em seu coração para que me ofereçam alguma quantia, tudo bem. Mas não vou exigir de vocês nenhum valor. Oferta é oferta.

Um dia, fui convidado para compartilhar meu testemunho em Jacareí e levei um menino comigo para me auxiliar no que eu precisasse. Depois do culto, recebi um envelope com dinheiro como oferta da igreja, mas não conferi qual era o valor que me fora entregue — se era muito ou pouco. Voltando para casa, senti um direcionamento de Deus para entregar a quantia ao menino, e assim o fiz.

— Olha, isso aqui é para você — disse, enquanto colocava o envelope em sua mão.

— Pô, Silas, obrigado! — ele respondeu.

Mais tarde, naquela noite, recebi uma ligação sua em prantos. Ele me contou que morava com a mãe, e não tinham dinheiro para pagar o aluguel nem comprar comida. O valor do envelope era a quantia exata de que estavam precisando para arcar com as despesas daquele mês. Isso só foi possível porque eu estava atento à voz de Deus, e, para mim, essa é uma grande recompensa: saber que pude abençoar aquela família com um gesto são simples.

Em outra ocasião, ao voltar de Guararema, após um jogo que fiz pela Seleção de Masters, recebi o pagamento em dinheiro — o que não é comum; normalmente, eles transferem o valor para nossa conta no banco. Em seguida, estava a caminho da ESPN, quando vi um rapaz vendendo balas no farol. Naquele instante, ouvi a voz do Espírito Santo em meu coração: "Dê dinheiro para ele". Estendi ao garoto uma nota de cem reais, deixando-o espantado, e olhando para mim disse: "É sério isso, moço?!". Emocionado, chorei durante todo o percurso até o trabalho, contente de poder ser um instrumento de bênção nas mãos divinas.

Conto essas histórias, não para me exibir ou alimentar o meu ego. Não quero que pensem: "Uau, como o Silas é uma boa pessoa!". Tenho convicção de que situações como essas só acontecem por causa da natureza de Deus em minha vida. Por isso, caminho de forma humilde, sabendo que posso contar com sua poderosa mão para me sustentar nos dias bons e maus. Sou grato por tudo o que a carreira no futebol me proporcionou, sem me esquecer de onde vim e dos valores que aprendi. Sei que o Senhor continuará cuidando de mim e da minha família, seja qual for a minha profissão, porque ele prometeu: "[...] eu estarei sempre com vocês, até o fim dos tempos" (Mateus 28.20).

Silas e Eliane (esposa): momento de oração na igreja.
Crédito da foto: Equipe de Voluntários da INCC.

PARTE 3

O GRANDE ENCONTRO

CAPÍTULO 11

DESDE A INFÂNCIA

NADA ACONTECE POR ACASO NA VIDA DAQUELE QUE segue a Deus. Ao revisitar meu passado, eu me lembro das lutas que enfrentei, do esforço do meu pai para cuidar da família, do cotidiano simples e humilde que levávamos; o que me faz refletir sobre quão pequenas eram as chances de alguém como eu alcançar a fama e realizar grandes feitos no mundo dos esportes: uma em um milhão.

Eu não sou alguém especial, não tenho dons mágicos que me distinguem de qualquer outro ser humano nem nasci em berço de ouro. Se eu continuasse trabalhando na DPaschoal, onde entrei com cerca de 13 anos como *office boy*, talvez hoje fosse um vendedor ou diretor da empresa, e me sentiria feliz. Sei que Deus continuaria cuidando de mim, sendo eu um advogado, arquiteto, engenheiro ou professor. Acredito que o meu diferencial, ao longo de toda a jornada que percorri, não foi me tornar um jogador de futebol. O relacionamento que cultivei com o Senhor desde que era menino foi o que fez a diferença em minha vida. Essa, sim, é a verdadeira razão do meu sucesso, não apenas como atleta, mas também como pessoa.

Cresci sendo levado à igreja. Toda semana escutava sobre Céu, Inferno, salvação e vida eterna. Antes de completar 5 anos de idade, já estava familiarizado com todos esses termos, mas não entendia o que eles significavam de fato. Há uma grande diferença entre ser apenas um frequentador de cultos e viver com Cristo todos os dias, não só aos domingos. Andar com Jesus tem a ver com uma mudança que ocorre de dentro para fora em nosso coração e mente, por meio do poder transformador do Espírito Santo, que nos aperfeiçoa a cada passo da caminhada.

Antes de me batizar, eu era apenas uma criança que só queria jogar bola e aprontar com os outros meninos do bairro em vez de estar na escola dominical. Apesar de ouvir o convite de Jesus, "Eis que estou à porta e bato" (Apocalipse 20.3a), ainda vivia uma fé muito dependente dos meus pais, principalmente do *seu* Alberto. Após a morte de minha mãe, foi ele quem sempre insistiu que frequentássemos a igreja, e, como já comentei, os domingos eram sempre inegociáveis. Não havia festa de família, jogo de futebol ou outro compromisso que nos impedisse de estar ali, de manhã cedinho, ouvindo o sermão do pastor. Para o garoto "animado" que era, aquelas reuniões me pareciam entediantes e demoradas. Eu só estava sempre presente porque meu pai me levava, e ele era firme nesse sentido.

Hoje, agradeço sua persistência. Se não fosse por ela, quem sabe qual o rumo que minha vida teria tomado. Os princípios e valores que aprendi desde a infância serviram como uma rocha sobre a qual pude construir minha carreira, meu casamento e minha família. Sou um membro ativo na igreja que congrego: participo dos ministérios, acampamentos, programações, ajudo na administração e liderança. Isso me mantém sempre trabalhando para o Reino.

Assim como meu pai, ensinei meus filhos a importância de estar em comunidade e não negligenciar os cultos dominicais. Eu e Eliane tínhamos uma casa no interior, onde gostávamos de receber os parentes e amigos para aproveitar os fins de semana, mas fiz um acordo com ela de que não passaríamos os domingos ali, a fim de não gerar um pretexto para nossas crianças pararem de congregar. Esse foi um dos legados que meu pai me deixou.

UMA IMPORTANTE DECISÃO

Quando fiz 8 anos de idade, tomei a decisão de me batizar por uma vontade genuína em meu íntimo, mas ainda não tinha o entendimento adequado a respeito do que aquilo significava.

A Bíblia diz que não é preciso muito para se alcançar a salvação: "se com a boca você confessar que Jesus é Senhor e crer no seu coração que Deus o ressuscitou dentre os mortos, será salvo" (Romanos 10.9). Mesmo sendo um garoto, eu tinha a certeza de que estava tomando a decisão certa e que queria me relacionar com Deus de uma maneira mais profunda.

Conforme fui crescendo, criei o hábito de frequentar os retiros e acampamentos em Serra Negra que a Igreja do Nazareno realizava. Lembro que aos 15 anos de idade, passei por uma experiência ali que me transformou profundamente, porque fui tocado pela presença do Espírito Santo de uma forma extremamente impactante. Foi como uma virada de chave em minha mente. A partir daquele momento, minha fé passou a se desenvolver por meio da graça divina:

deixei de ser só filho de crente para me tornar um cristão de fato e cultivar minha própria intimidade com Jesus, por meio de uma rotina diária de oração e leitura das Escrituras. Não mais dependia da fé do meu pai, e penso que este é o desejo de todo pai e mãe: que seu filho viva uma caminhada independente da sua. Eu e Eliane somos gratos, porque Nathan, Carole e Calebe construíram sua própria trajetória com Cristo.

Aprendi que, conforme permanecemos na busca por conhecer a Deus e pedimos a ele discernimento, sabedoria, misericórdia e força para enfrentar os dias maus, mais passos damos em sua direção, atravessando gradualmente um processo de amadurecimento — dia após dia, recebemos uma nova revelação do seu amor e bondade. Meu testemunho não é cheio de reviravoltas como algumas histórias impactantes que costumamos escutar. Nunca fui viciado em drogas, dependente do álcool ou entregue a imoralidades sexuais, nem pensei algo como "Acho que vou largar isso aqui, não é o que que eu quero".

Porém, sou feliz por poder afirmar que me mantive alicerçado naquilo que aprendi dentro de casa, desde criança. À medida que fui me aproximando de Jesus, recebi responsabilidades maiores, oportunidades surgiram e portas se abriram em minha vida. E eu, com muito temor, busquei ser um reflexo do seu amor por onde passei, tendo em mente que "a quem muito foi dado, muito será exigido; a quem muito foi confiado, muito mais será pedido" (Lucas 12.48b).

Sei que sou um homem imperfeito e com certeza cometi muitos erros — estou ciente de que ainda irei falhar —, mas a boa notícia é que não estou sozinho, pois carrego a força de Deus em mim. A Bíblia não é somente um compilado de livros que contam a história do povo hebreu, ela é a Palavra viva do Senhor, que vivifica minha alma e me capacita a agir de acordo com a vontade dele. Para todos os que se sentem incapazes, falhos, indignos e anseiam pelo perdão, há uma esperança: "onde abundou o pecado, superabundou a graça" (Romanos 5.20b, ARA). E é o favor divino que nos ajuda a perseverar. Mesmo em meio a batalhas, medos e incertezas, nossa vitória está garantida em Cristo.

“

Quando enfrentamos
situações em que
não vemos saída,
esse é o momento ideal
para que Deus realize
grandes milagres.

A FÉ E O ESPORTE

Orar e ler a Bíblia são hábitos que cultivo em minha casa como herança que recebi dos ensinos do meu pai. Sempre gostei de escolher um livro das Escrituras e estudar com meus filhos, o que foi uma maneira de passar para eles os princípios que aprendi. Alinhada à oração diária, a Palavra carrega o poder de renovar nosso modo de pensar e, por consequência, nossas atitudes. É por isso que nosso comportamento é transformado, e acabamos adotando hábitos novos que nos levam à construção de um bom caráter, capaz de definir o nosso destino. Eu acredito que tudo começa com bons pensamentos:

> [...] pensem em tudo o que for verdadeiro, tudo o que for digno de respeito, tudo o que for justo, tudo o que for puro, tudo o que for amável, tudo o que for de boa fama, em tudo o que houver alguma virtude ou algo de louvor" (Filipenses 4.8).

Esse é um princípio que foi essencial para mim como atleta. Por exemplo, se há dois jogadores em campo, e o clima está muito quente, um deles pode pensar: "Nossa, hoje não vou aguentar correr, vai ser difícil ganhar a partida". Se o outro, por sua vez, assume uma mentalidade diferente — "Se está quente para nós, imagine para o outro time. Os *caras* não vão aguentar correr!" —, é claro que terá um desempenho melhor que o primeiro, já que pensamentos positivos geram ações positivas. Esse é o tipo de postura que eu assumia sempre que pisava nos gramados, fizesse chuva ou sol, eu me esforçava ao máximo.

Antes das partidas, eu tinha o costume de me lembrar de Josué 1.9, e entrava em campo recitando este versículo: "Não fui eu que ordenei a você? Seja forte e corajoso! Não se apavore nem desanime, pois o Senhor, o seu Deus, estará com você por onde você andar". Perdendo ou ganhando, saía com a cabeça levantada, porque sabia que tinha dado tudo o que podia e jogado com excelência. Ao contrário do que muitos podem pensar, ser excelente não significa atuar com perfeição; é se empenhar para fazer o melhor possível com os recursos disponíveis, esteja onde estiver. Caminhar com Jesus me ensinou a assumir essa postura. Quando as pessoas se lembrarem de mim, espero que digam: "Com um campo bom ou ruim, estando frio ou calor, sendo vitorioso ou não, o Silas era um *cara* que sempre mandava ver".

EXPERIMENTANDO O SOBRENATURAL DE DEUS

Quando escolhemos acreditar no sacrífico que Cristo realizou por nós na cruz, nossa ótica muda: a maneira como enxergamos os problemas, as pessoas e até mesmo como lidamos com as temporadas de tristeza e dor. Apesar de ter realizado o meu sonho de me tornar um jogador de futebol profissional, vivi períodos de luto, solidão, angústia e diversas frustrações. Mas em todas elas, agradeço, porque serviram para aperfeiçoar o meu caráter e gerar em mim esperança de que Deus jamais ia me abandonar, assim como diz Paulo: [...] nos gloriamos nas tribulações, porque sabemos que a tribulação produz perseverança; a perseverança, um caráter aprovado; o caráter aprovado, esperança" (Romanos 5.3-4).

Além disso, quando enfrentamos situações em que não vemos saída, esse é o momento ideal para que Deus realize grandes milagres. Falo com propriedade, porque tenho experimentado do seu poder sobrenatural ao longo desses anos, não só na minha carreira profissional, mas também em minha família.

Antes de o Calebe nascer, meu segundo filho, os médicos diziam que ele teria hidrocefalia, uma doença causada por acúmulo de líquido no cérebro, que pode gerar graves danos no desenvolvimento cognitivo da criança. Também apresentava algumas manchas no pulmão, e seu parto teria de ser feito com antecedência. Na época, estávamos na Argentina. Eu, meus familiares e irmãos da igreja oramos muito, pedindo a Deus que curasse nosso filho. Em meio ao medo, e diante da nossa incapacidade de resolver aquele problema, clamamos incansavelmente.

No dia do seu nascimento, ansioso, perguntei à médica como ele estava.

— Está melhor do que nós — ela respondeu. Um bebê completamente saudável!

Depois de ter vivenciado aquele milagre, minha fé foi fortalecida. Creio que o Senhor tem poder para dar visão aos cegos, audição aos surdos, curar enfermos e fazer com que uma pessoa de cadeira de rodas volte a andar. Mesmo quando sofremos, ele permanece ao nosso lado para nos consolar e renovar nossa esperança de uma maneira que excede a lógica humana. Nesta vida, enfrentamos dificuldades todos os dias, e algumas tragédias arrancam de nós o ânimo e nos fazem querer desistir, mas há um Deus que nos vê e entende nossas dores. Por isso, Jesus nos encoraja: "Neste mundo, vocês terão aflições; contudo, tenham coragem! Eu venci o mundo" (João 16.33b).

Eu me lembro ainda de outra ocasião, quando eu e Eliane éramos noivos. Estava dirigindo, em Campinas, até a casa dela e passei por dois longos caminhões que estavam estacionados na beira da estrada — tinham cerca de 20 metros cada. Era uma noite muito escura e eu não conseguia enxergar nem as calçadas. De repente, senti o Espírito Santo falar comigo: "Um menino vai passar pela frente dos caminhões". Instantes depois, após ter percorrido quase todo o comprimento dos veículos, surgiu um garoto de cerca de 7 anos tentando atravessar a rua. Totalmente inocente, não percebeu minha aproximação, e eu brequei o carro com toda a força que pude. Graças ao aviso prévio de Deus, não fui pego totalmente de surpresa, tive tempo de frear e evitei o que poderia ter sido uma tragédia logo antes de alavancar a minha carreira no futebol.

Gosto de contar essa história, porque, além de ser mais um exemplo da ação milagrosa do Senhor em minha vida, ela nos ensina a estarmos sempre atentos e obedientes à voz de Deus. Ele começa revelando pequenos detalhes e, conforme nos mantemos sensíveis ao seu falar, vai nos dando direcionamentos ainda maiores, como mostra a parábola dos talentos contada por Jesus no Evangelho de Mateus: "[...] Muito bem, servo bom e fiel! Você foi fiel no pouco; eu o porei sobre o muito [...]" (25.23).

Sempre que recebia uma nova proposta de algum clube, para permanecer no Brasil ou jogar no exterior, eu perguntava a Deus qual deveria ser a minha decisão. Isso, porque eu não enxergo o caminho à minha frente, mas ele sim, e esse é um lema que trago no coração em todo tempo. Dessa forma, entendo que o Espírito Santo age como um apito em meu interior, que alerta: "Isso está errado, não vá por aí!". Nesse meio da fama e do dinheiro, muitas escolhas podem parecer certas aos olhos humanos, que são movidos pela ambição e o consumismo. Mas eu preferi confiar na sabedoria divina, porque o meu sucesso está em viver os propósitos do Senhor, e ele prometeu ser o meu guia: "Eu o instruirei e lhe ensinarei no caminho que você deve seguir; eu o aconselharei e cuidarei de você" (Salmos 32.8).

Vivi experiências no futebol que só podem ser explicadas pelo agir sobrenatural de Deus. Quando ainda jogava no San Lorenzo, lembro que íamos competir contra um adversário muito forte, Vélez Sarsfield — era o campeão da Libertadores e tinha acabado de ganhar contra o Milan, time vencedor da Champions League. Era o Mundial de clubes que se jogava no Japão e eu, muito inquieto, não conseguia parar de me questionar se seríamos capazes de derrotar aquela equipe: "Nossa, como vai ser esse jogo?", pensava. Depois do almoço, saímos do hotel e pegamos um ônibus que nos levaria até o estádio. Em um determinado momento, tomado pelo nervosismo, comecei a orar silenciosamente: "Deus, a sua Palavra diz 'peçam e será dado a vocês' (cf. Mateus 7.7), então eu peço que me dê um sinal de que vamos conseguir ganhar".

Logo em seguida, uma voz invadiu a minha mente: "Você acha que Deus não tem nada melhor para fazer do que ficar se preocupando com resultados de jogos?". Como se eu estivesse em um diálogo interno comigo mesmo, afastei aquele pensamento e repliquei: "O Senhor também se preocupa com os pequenos detalhes, e ele pode acalmar a minha ansiedade se ele quiser". Depois, mesmo hesitante, criei coragem e orei: "Deus, eu quero que o Senhor me mostre uma coruja, no centro de Buenos Aires, como um sinal de que seremos vencedores". Então, esperei.

De repente, o ônibus percorreu um trajeto diferente do que costumava seguir. Desceu a rua até uma avenida e de lá entrou em um túnel escuro. Depois de atravessá-lo, a claridade invadiu a janela. Olhei para a direita, e, para a minha surpresa, vi um prédio com uma grande coruja desenhada por toda a sua lateral. Meu coração

“

Além do sucesso,
sou um homem comum,
de origem humilde, que
um dia escolheu dizer sim
para uma vida com Cristo,
e essa foi a melhor decisão
que poderia ter tomado.

acelerou. A respostava estava ali, e eu já não precisava mais me preocupar. Recordo claramente como foi impressionante a nossa atuação naquela partida: o Vélez não conseguia fazer a bola entrar na rede, o goleiro defendia os diversos ataques, os jogadores chutavam de todos os lugares e só acertavam a trave. Por fim, ganhamos de três a um.

Deus se importa com as nossas incertezas, aflições e preocupações diárias, mesmo que pareçam insignificantes demais para o Todo-Poderoso. Podemos recorrer a ele sempre que nos sentirmos ansiosos ou perdidos, porque ele é um Pai bondoso que deseja nos trazer conforto e direcionamento, até nas questões mais simples. Basta que estejamos alinhados à vontade de Deus e confiantes no seu poder para que grandes milagres aconteçam — seja no trabalho, em casa ou até mesmo em uma nação inteira. Por intermédio de Moisés, Deus abriu o Mar Vermelho e salvou todo o povo hebreu das mãos dos egípcios. Porém, se quisermos vivenciar maravilhas como essa, precisamos desenvolver uma relação de intimidade com o Senhor, assim como o líder de Israel: "O Senhor falava com Moisés face a face, como quem fala com um amigo" (Êxodo 33.11a).

Quando somos próximos de alguém, temos a coragem de pedir certos favores que não pediríamos a pessoas estranhas. Foi a minha proximidade com Deus que me permitiu orar por um sinal, mesmo que, aos meus olhos, parecesse algo sem importância. Eu estou convicto de que ele é meu amigo, que me escuta e está disposto a responder ao meu clamor, porque o Senhor está acessível a todos os que o buscam de todo o coração (cf. Jeremias 29.13).

Outra experiência marcante que ainda guardo na memória aconteceu quando eu já trabalhava como técnico no Avaí. Faltavam oito jogos para acabar o campeonato, e estávamos na esperança de subir para a primeira divisão. Um dia, antes da partida que garantiria o nosso acesso ao nível mais alto da competição, Evandro, o centroavante, entrou na minha sala de comissão e me mostrou uma semente de mostarda na sua mão.

— Professor, se tivermos fé como esse grão de mostarda aqui, amanhã a gente já sobe — disse com confiança.

Ele também era cristão, e falava aquilo baseado na passagem do Evangelho de Mateus, que diz: [...] Em verdade lhes digo que, se tiverem fé como um grão de mostarda, poderão dizer a este monte: 'Vá daqui para lá', e ele irá, e nada será impossível para vocês" (Mateus 17.20).

— Guarda essa semente — disse o Evandro, entregando-a para mim.

No dia seguinte, antes do jogo, os jornalistas estavam caminhando pelos vestiários com câmeras para gravar os jogadores enquanto aqueciam. O Evandro estava deitado, fazendo alongamento, quando passaram por ele.

— Ei, volte aqui, filme aqui! — chamou o centroavante — Hoje eu vou fazer o gol do acesso — afirmou para as câmeras.

Dito e feito. Ao fim daquela tarde, comemorávamos nossa vitória por um a zero. Não éramos ao menos candidatos a subir, mas nos superamos e alcançamos a primeira divisão. Creio com todo o meu coração que Deus foi o nosso maior auxílio e seu agir impactou a vida de muitos outros jogadores, assim como o Evandro.

ALÉM DO SUCESSO

A graça de Deus me tirou o medo de fracassar, direcionou minha carreira, colocou as pessoas certas no meu caminho, permitiu que eu fosse campeão, ganhasse troféus, conquistasse títulos, conhecesse pessoas famosas, impediu que eu frequentasse lugares errados e até mesmo me livrou da morte — imagine o que poderia ter acontecido naquela noite escura em Campinas quando quase atropelei aquele menino.

Há momentos em que desejamos lidar com as circunstâncias do nosso jeito, mas nem sempre é o correto. Então, como pai, marido, atleta, comentarista ou amigo, busco me submeter à vontade de Deus mesmo que ela seja oposta à minha, como diz a Bíblia: "Não se amoldem ao padrão deste mundo, mas transformem-se pela renovação da sua mente, *para que vocês experimentem a boa, agradável e perfeita vontade de Deus*" (Romanos 12.2, grifo nosso). Para mim, isso é ser um homem maduro, que não realiza só o que deseja quando bem entende, mas tem a coragem de fazer o que é certo mesmo que ninguém esteja observando você. Essa disciplina fundamentou minha trajetória nos esportes e me transformou na pessoa que sou hoje.

Aprendi a ser resiliente, a ter paciência quando algo não parece funcionar da maneira que eu gostaria, a refletir antes de tomar atitudes precipitadas. Entendi a importância de perdoar o próximo — e a mim mesmo —, além de pedir perdão sempre que necessário, sem ter vergonha de admitir minhas falhas. Jesus me tornou um melhor atleta, um melhor marido, um melhor pai. Além do sucesso, sou um homem comum, de origem humilde, que um dia escolheu dizer sim para uma vida com Cristo, e essa foi a melhor decisão que poderia ter tomado.

Silas, pastor Aguiar e Eliane.
Crédito da foto: Arquivo de família.

CAPÍTULO 12

UM ATLETA MISSIONÁRIO

PODER TESTEMUNHAR A RESPEITO DE TUDO O QUE A caminhada com Deus me proporcionou é uma das minhas maiores alegrias. Os amigos que ganhei, os milagres que presenciei e as vidas que encontraram Jesus por meio do futebol são, para mim, como memoriais: marcos importantes que me levam a celebrar e relembrar o quanto valeu a pena permanecer no centro da vontade do Pai ao longo de tantos anos atuando como atleta. Sei que o Senhor permitiu que eu me tornasse um jogador profissional porque tinha um propósito maior além da minha carreira. No fim das contas, não era sobre fama, dinheiro ou glória humana. A minha real missão era ser um reflexo de Cristo em tudo o que eu me propusesse a fazer, dentro ou fora dos gramados.

Poucos eventos são capazes de chamar a atenção de milhares de pessoas e uni-las em um só lugar como o futebol. Ao redor do globo, há povos de diversas línguas, etnias, costumes e crenças, que, apesar das diferenças, encontram algo em comum: a paixão pelo esporte. Eles precisam apenas de uma bola em campo para se comunicarem, e esse é um instrumento poderoso para espalhar a mensagem do Evangelho. Por isso, um jogador de futebol profissional tem em mãos uma grande responsabilidade, que é influenciar vidas por todo o mundo. A forma como se comporta, as roupas que veste e os lugares que frequenta comunicam uma mensagem aos seus fãs, quer ele queira ou não; é inevitável.

Até mesmo os pequenos gestos, como apontar os dedos para cima ao comemorar um gol, carregam um significado profundo: "Toda a glória seja dada a Deus. Meus talentos, minha carreira, as vitórias e conquistas ocorrem por meio dele, por ele e para ele". Eu aprendi que uma mensagem tão importante como essa pode ser comunicada em segundos, para milhões de pessoas, em diversas nações. Imagine o impacto que isso é capaz de gerar na vida de alguém: um jovem amante do futebol, que não tira os olhos da televisão toda vez que seu time está em campo, depara-se com o seu jogador favorito glorificando ao Senhor durante uma partida decisiva! E se, por meio de uma atitude tão singela, ele se sentisse instigado a conhecer mais a respeito desse Deus? Esse é o poder do esporte, e os Atletas de Cristo sabiam disso:

> Quando um jogador de futebol ou um atleta de alto nível entrega o coração nas mãos de Jesus, abre-se um gigantesco espaço para a divulgação da mensagem da salvação. Sua vida, muitas vezes evidenciada na mídia, funcionará como um outdoor vivo da transformação que Deus pode operar em uma pessoa. Mesmo aqueles que não ocupam posição de destaque na mídia esportiva tornam-se respeitados pelas demais pessoas em seu ambiente de convivência.[1]

O CRISTÃO MAIS CONHECIDO NO BRASIL

Meu primeiro contato com esse movimento foi em 1984, quando ingressei no São Paulo Futebol Clube. Os Atletas de Cristo é um grupo formado por esportistas de várias modalidades que têm o objetivo de divulgar as Boas Novas por meio do esporte e auxiliar os atletas na vida com Cristo. Tudo começou em 1978, quando o pastor Abrahão teve um sonho, no qual via diversos jogadores reunidos glorificando a Deus. Ele compartilhou a visão com João Leite, ex-goleiro do Clube Atlético Mineiro, também conhecido como "goleiro de Deus", que distribuía Bíblias para os goleiros adversários, assim como Alex Dias Ribeiro, ex-piloto de Fórmula 1 com a frase "Cristo salva" adesivada em seu carro de corrida, até que a Fifa passou a proibir manifestações religiosas durante as partidas, no ano de 2010. Então, Alex, João Leite e Baltazar — atacante, apelidado de "artilheiro de Deus" — decidiram criar o projeto, batizado de "Atletas de Cristo", nome dado pela esposa de João Leite, Eliana, ex-jogadora profissional de vôlei.

A missão foi criada em 1981, e fundada oficialmente em Belo Horizonte três anos depois. Em seguida, no mesmo ano, vinha para São Paulo sob a liderança de Alex, que fazia reuniões em sua casa semanalmente. Nesses encontros, ele abordava temas como: fama, namoro, ética cristã, padrões bíblicos. Comecei frequentar o grupo e pude amadurecer meu relacionamento com Deus e entender com maior profundidade a importância da minha profissão no

---

[1] Disponível em: https://www.mundocristao.com.br/blog/missao-atletas-de-cristo-esporte-a-servico-do-reino/. Acesso em: 14 fev. 2024.

propósito divino — foi uma junção dos ensinamentos que eu já havia adquirido e dos princípios que o movimento pregava. Além disso, aprendi como me comportar em cada situação — sendo titular ou estando no banco de reservas, vencendo ou perdendo — e a lidar com o sucesso e o dinheiro. Assim, eu e outros jovens éramos discipulados, crescíamos e recebíamos auxílio sempre que precisávamos.

Também nos reuníamos na casa do Fábio Fraga, atleta de remo, no bairro do Morumbi. Mas o espaço ficou pequeno demais para a quantidade de adeptos e tivemos de nos mudar para um local maior. Como crescíamos cada vez mais, começamos a chamar a atenção da imprensa, e, no final da década de 90 e início dos anos 2000, vários jogadores aderiam ao movimento, ajoelhados nos gramados, usando faixas e camisetas, seguindo os passos do goleiro de Deus.

Era muito importante que aproveitássemos os minutos diante da câmera, nos finais das partidas ou em conferências de imprensa, para contar o nosso testemunho. Não tínhamos muito tempo disponível e precisávamos ser claros e objetivos. Por isso, durante alguns congressos dos Atletas de Cristo, adotamos uma dinâmica para aperfeiçoar a nossa oratória: os líderes acendiam um palito de fósforo e nos desafiavam a contar como Cristo transformou nossa vida antes que o fogo apagasse. "Não fique enrolando, fale apenas o essencial", aconselhavam. Assim, aprendemos a lidar com a mídia e a passar a nossa mensagem de maneira concisa, porém impactante. Ainda em 1985, deixamos de nos encontrar nas casas para nos reunirmos em uma igreja de descendentes de alemães, perto do aeroporto, e o movimento continuava a se espalhar.

Até que, em 1986, eu fui apontado como o cristão mais conhecido no Brasil, por uma pesquisa feita pela fundação americana Arthur S. Demoss, uma organização que tem como objetivo principal apoiar projetos missionários e evangelísticos em países subdesenvolvidos ou em desenvolvimento econômico. Nunca imaginei que minha imagem estaria tão em evidência, e que eu teria a honra de receber um título como aquele. O movimento Atletas de Cristo estava tomando uma proporção internacional, algo que só foi possível por causa da influência e abrangência que o esporte pode proporcionar.

“

Um jogador de futebol profissional tem em mãos uma grande responsabilidade, que é influenciar vidas por todo o mundo.

No ano seguinte, a fundação lançou o livro *Força Para Viver*[2] — também chamado de "livro do Silas" por muitos brasileiros —, que incluía o meu testemunho e o de vários outros atletas cristãos, com mensagens encorajadoras e de superação. Foram três milhões de cópias gratuitas distribuídas por todo o país, e centenas de milhares de pessoas escreviam cartas contando como haviam sido impactadas e tido um encontro com Jesus por meio daquela leitura. Em seguida, foram publicadas novas edições em outras línguas, com a participação de esportistas de outros países, como Itália e Espanha. Presenciar tudo aquilo me deixava admirado, porque Deus pode agir muito além da nossa capacidade quando aprendemos a confiar nele e entregamos o nosso futuro em suas mãos soberanas. E ele ainda tinha muito para realizar na minha jornada.

FAZENDO DISCÍPULOS

Quando entrei para o San Lorenzo, sabia que o Senhor guardava para mim um propósito naquele lugar. Apesar das inseguranças, recebi a confirmação de que devia permanecer ali e, além de todas as conquistas que alcancei com o clube, também tive a honra de dar início ao projeto Atletas de Cristo em solo argentino. A internacionalização do movimento se dava desta forma: os jogadores que eram contratados para atuar no exterior começavam uma reunião em sua nova casa com atletas estrangeiros — o objetivo era que cada time contasse com pelo menos três membros dos Atletas de Cristo. Assim, o grupo se expandiu para outros países além do Brasil: em Portugal, com João Leite e Paulo Pereira (meu irmão), na Itália, com Amarildo; na Espanha, por meio de Donato. E comigo não foi diferente.

Em 1994, logo que eu e Eliane conseguimos o nosso apartamento, comecei os encontros com apenas quatro pessoas: eu, um uruguaio, um armênio e um hondurenho, todos jogadores do San Lorenzo. Com o aumento da minha popularidade nos gramados, fui ganhando reconhecimento e, consequentemente, as reuniões que

---

[2] BUCKINGHAM, Jamie. **Força para viver**. 1. ed. [S.l.]: Fundação Arthur S. Demoss, 1987.

fazíamos também cresciam. Até que, em um mês, minha casa estava lotada, e mudamos para um local maior. Porém, nossa permanência ali não durou muito. Em seis meses, por causa da grande quantidade de pessoas, nós já nos deslocávamos para outro espaço.

Em nossos encontros, orávamos para que Deus nos desse habilidade, inteligência e sabedoria dentro de campo, além de servir como suporte para esportistas que não sabiam como lidar com as pressões do mundo do futebol. Sabíamos que era difícil manter a integridade quando todos pareciam seguir o caminho oposto, por isso era tão importante que estivéssemos em comunidade, aconselhando e ensinando os valores contidos na Palavra de Deus. Também intercedíamos por cura, quando certos atletas machucados nos procuravam, e aproveitávamos a oportunidade para apresentar a eles o amor de Jesus.

Até hoje reflito sobre a repercussão que a minha passagem pela Argentina teve na vida de outros atletas. Todo o meu sucesso serviu para que o nome de Jesus fosse conhecido e glorificado. Por isso, sou grato por saber que não estou acumulando apenas tesouros terrenos. Tenho a convicção de que, durante aqueles quatro anos, gerei frutos que vão ecoar para a Eternidade, assim como Cristo aconselha que façamos:

> Não acumulem para vocês tesouros na terra, onde a traça e a ferrugem destroem e onde os ladrões arrombam e furtam. Mas acumulem para vocês tesouros nos céus, onde a traça e a ferrugem não destroem e onde os ladrões não arrombam nem furtam (Mateus 6.19-20).

Em outros locais em que estivemos, eu e Eliane dávamos continuidade com as reuniões. No Qatar, época em que eu já trabalhava como técnico, ela teve uma grande ideia:

— Vamos começar a fazer um encontro para casais — sugeriu.

Para nossa surpresa, depois de três semanas, não só casados, mas até pessoas solteiras frequentavam nossa casa semanalmente. Reunimos muitas famílias e diversos jogadores. Foi um tempo muito rico, e mantemos contato com alguns deles até hoje.

Com os árabes a experiência foi um pouco mais desafiadora devido à resistência da religião muçulmana ao cristianismo. Por esse motivo, não podíamos convidá-los para participarem de encontros cristãos. Ainda assim, alcançamos africanos, portugueses, holandeses, peruanos, e sempre estávamos dispostos a receber todos que estivessem abertos à mensagem do Evangelho. Felizmente, sei que lançamos uma semente no coração de cada um que cruzou o nosso caminho, independentemente da etnia ou da crença que possuía, e oro para que Deus faça além do que somos capazes de enxergar, porque é ele quem dá o crescimento do que plantamos (cf. 1Coríntios 3.7).

Pude influenciar muitas pessoas — e afirmo isso com temor e humildade no coração, porque tenho certeza de que o mérito não é meu, mas sim do agir do Espírito Santo por meio da minha vida —, tanto as mais distantes, que nem cheguei a conhecer pessoalmente, como aquelas próximas de mim.

O Eli Carlos é um exemplo disso. Lembro que, quando eu voltava das partidas, na época em que ainda jogava no São Paulo, eu ia para a igreja com meus dois cunhados, Ildo e José Francisco, e lá intercedíamos pela nossa família, especialmente por ele, para que encontrasse o caminho de volta para o Senhor.

Em 2004, época em que era gerente de futebol no Guarani, decidiu ir a um culto em nossa igreja e, lá, foi profundamente tocado pelo Espírito Santo depois de uma pregação do pastor Aguiar.

— Hoje a minha vida mudou; vou abandonar tudo aquilo que não agrada a Deus — disse naquele dia, que para nós foi memorável.

Valeu a pena pagar o preço da oração. Eli permaneceu firme com Jesus até a sua partida para a Eternidade, anos depois em 2020. Meu irmão batalhou durante doze anos contra uma misteriosa enfermidade, que os médicos não conseguiam diagnosticar precisamente. Ficou em coma por dois anos, até que faleceu, deixando um vazio de saudade em meu coração. Tive de dar adeus a um amigo, um conselheiro e um irmão que sempre me inspirou a lutar para alcançar meus sonhos. Mas sei que o encontrarei novamente quando eu chegar aos Céus, e essa é uma alegria consoladora.

Outra forma de compartilharmos o Evangelho era com atos de serviço. Eu me recordo das vezes em que eu pagava as passagens de ônibus de alguns jogadores, para que pudessem voltar para casa durante as férias e finais de semana. Gestos como aqueles, além de serem um auxílio nos momentos difíceis daqueles rapazes, criavam uma conexão entre nós, a ponto de eles desejarem visitar a igreja que frequentávamos. Eram atitudes que, apesar de simples, faziam toda a diferença, porque ficavam marcadas na memória daqueles atletas, e era uma maneira de semear o amor de Deus, mesmo sem pregar o Evangelho diretamente.

A MISSÃO CONTINUA

Agradeço ao Senhor por me dar tantas oportunidades, porque é um privilégio poder fazer parte daquilo que ele está fazendo tanto no Brasil como ao redor do mundo. Ser membro dos Atletas de Cristo me transformou em um jogador missionário e garantiu à minha carreira uma tarefa muito maior do que eu poderia imaginar. Mas nem sempre foi fácil, porque ser um cristão é como estar constantemente nadando contra a correnteza de um rio. Já ouvi alguns atletas caçoarem da minha fé, e até mesmo alguns treinadores falavam que eu era "santinho demais" durante as partidas, pois não jogava com agressividade frente aos adversários.

Porém, eu sabia que era melhor ser alvo de chacota por ser fiel àquilo que eu acreditava do que dar um mal testemunho no futebol. Infelizmente, muitos jogadores que faziam parte dos Atletas de Cristo deixaram uma imagem negativa para o movimento e feriram sua credibilidade. Alguns afirmavam fazer parte do grupo apenas para serem vistos como "bons moços", mesmo quando suas atitudes não condiziam com o que pregavam. "Quem sabe se eu disser que sou cristão, eles aliviam a minha barra", pensavam.

Por causa de condutas como essa, muitos começaram a recusar membros dos Atletas de Cristo em seus times. Essa triste realidade me fez compreender o quão importante era que eu me esforçasse para ser um reflexo de Cristo. Se carrego comigo o nome de Deus, devo honrá-lo em tudo o que eu fizer, e sei que o esporte precisa de

“

O mundo precisa ouvir
sobre as Boas Novas,
pois não somente o esporte,
mas todas as áreas
da sociedade carecem
de um Salvador.

homens e mulheres que pensem da mesma maneira, assim como comentou Marcos Grava em uma entrevista à Editora Mundo Cristão:

> Nossa sociedade necessita de um modelo para a prática esportiva ética, que respeita os valores e ideais do esporte, suas regras, os torcedores e os adversários, que mostra para o atleta que seu alvo maior nunca deve ser a conquista de uma medalha ou de um troféu, mas a glória de Deus. Quando olhamos para o esporte brasileiro e mundial atual, vemos quantos problemas envolvendo corrupção de dirigentes, dopping de atletas, treinadores desprovidos de valores e muitos outros surgindo nas manchetes. Diante dessa realidade, percebemos a necessidade urgente de uma transformação do mundo esportivo a partir dos princípios cristãos.[3]

Hoje, mesmo já aposentado da vida de jogador, estou sempre frequentando os encontros dos Atletas de Cristo, porque acredito que devemos continuar fazendo a diferença por meio do esporte. Os jovens atletas que estão surgindo precisam ser instruídos, acompanhados e, mais do que isso, necessitam ouvir sobre o amor de Deus e como ele é capaz de transformar vidas. Oro para que eles se inspirem nos exemplos de Taffarel, Jorginho, Bebeto, César Sampaio e, pela graça de Deus, também espero ser um bom modelo para essa nova geração de esportistas. Que eu seja uma prova viva de que vale a pena ser um seguidor de Cristo, e que a bondade do Senhor possa ser vista por meio do meu testemunho.

Quando o bastão esteve em nossas mãos, nós corremos com ousadia e gastamos todo o fôlego de nossos pulmões, sem olhar para trás. Agora, no momento de passá-lo adiante, espero que os jovens encontrem em nós, seus antecessores, inspiração e ânimo para continuarem firmes nessa maratona, sabendo que, na linha de chegada, o prêmio que receberão será eterno. Como o apóstolo Paulo afirmou, a nossa luta não é em vão, e vou continuar na jornada de

---

[3] Disponível em: https://www.mundocristao.com.br/blog/missao-atletas-de-cristo-esporte-a-servico-do-reino/. Acesso em: 14 fev. 2024.

conhecer a Deus e fazê-lo conhecido — seja por meio do esporte, nas igrejas, em outros países ou aonde quer que ele me leve —, sempre dependente da sua graça e misericórdia. Por isso, permaneço no esforço de viver aquilo que prego, como um atleta que treina todos os dias para manter a sua boa performance (cf. 1Coríntios 9.24-27).

O mundo precisa ouvir sobre as Boas Novas, pois não somente o esporte, mas todas as áreas da sociedade carecem de um Salvador. Vemos injustiças, tragédias, corrupção e maldades acontecerem todos os dias, e o Senhor nos chama para sermos luz em meio a tanta escuridão. Cristo é a nossa esperança e a razão de eu ter atingido tudo o que alcancei em minha carreira. Sei que o futebol ainda ganhará muitas vidas para Jesus, e eu espero que meus filhos testemunhem milagres maiores do que pude experimentar e sejam capazes de escrever suas próprias histórias para inspirar e impactar as próximas gerações.

Silas levantando o troféu de melhor do mundo na Rússia: Campeão Sub-20 em 1985 (Brasil e Espanha).
Crédito da foto: @kamila_de_oliveira_ fotografia.

CAPÍTULO 13

NO FINAL DO GRANDE JOGO

QUALQUER UM QUE CHEGOU AO FIM DESTAS PÁGINAS pode pensar que eu fui um homem bem-sucedido: "Silas esteve na Europa, foi diversas vezes campeão e um ídolo do futebol na Argentina, conheceu personalidades do cinema e da música, e até almoçou ao lado de governantes de outros países. Quantas conquistas!". Mas a minha definição de sucesso é um pouco diferente e não tem a ver com dinheiro, fama ou posição social.

Para mim, sucesso é quando nos esforçamos ao máximo para cumprir aquilo que Deus espera de nós, independentemente de onde estejamos ou qual seja o nosso papel neste mundo.

O que o Senhor colocou em suas mãos hoje? E o que você fará com isso? Sendo um patrão ou um empregado; com muitos bens ou com poucos recursos; casado ou solteiro; saudável ou enfermo, qual é a vontade dele para a sua vida?

O SUCESSO PARA ALÉM DOS GRAMADOS

Acredito que conhecer a Cristo é o primeiro passo para entendermos quais são os anseios do coração de Deus para nós, porque o Pai deseja que, à semelhança de seu Filho, sejamos todos parte da sua família, como está escrito: "Pois aqueles que de antemão conheceu, também os predestinou para serem conformes à imagem do seu Filho, a fim de que ele seja o primogênito entre muitos irmãos" (Romanos 8.29). Em outras palavras, o Senhor deseja que sejamos seus filhos e filhas amados, de quem ele se alegra, assim como afirma sobre Jesus (cf. Mateus 3.17). Portanto, os que creem nessa verdade alcançam um propósito maior para suas vidas. Não importa o que se propuseram a fazer, há um alvo a se perseguir: serem parecidos com Cristo.

Quando nos empenhamos nisso, o Senhor guia nossos passos, aplainando o caminho à frente, já que tudo colabora para o bem daqueles que o amam (cf. Romanos 8.28). Foi isso o que aconteceu em minha carreira no futebol: enquanto eu me esforçava para permanecer na vontade de Deus, ele me garantiu oportunidades, amizades, vitórias, provisão e cuidado — mesmo que eu tenha enfrentado momentos difíceis e desanimadores. Vejo muitas pessoas infelizes, depressivas e ansiosas mesmo com uma conta bancária robusta, com um cônjuge atraente ou com uma posição de destaque no trabalho. Felizmente, pude me tornar um homem contente, porque fui capaz de entender o verdadeiro significado do que é o sucesso. Sei que todas as minhas conquistas, por mais gloriosas que tenham sido aos olhos dos homens, foram consequências do meu posicionamento como filho de Deus, e ele é o motivo da minha alegria.

Além disso, também acredito que, quando somos realmente bem-sucedidos, deixamos um rico legado para os que virão depois de nós e geramos impacto nas vidas dos que nos rodeiam. Pensando nisso, espero sinceramente ouvir dos meus filhos: "Temos muito orgulho de ter você como nosso pai!"; e que a Eliane seja capaz de afirmar: "Sou muito feliz de ser a sua esposa!"; e que meus colegas de trabalho, quando se lembrarem de mim, pensem: "Como é bom ter o Silas na nossa equipe!".

Atualmente, tenho uma licença de pastor local, cuido das pessoas da minha comunidade, aconselho os mais jovens, sirvo às famílias e faço visita aos que estão enfermos nos hospitais. Mesmo fora dos gramados, eu sei que ainda posso continuar fazendo a diferença no mundo. Para isso, não é preciso ser uma pessoa famosa, rica ou influente, basta seguir o exemplo de Jesus esteja onde estiver, mesmo fazendo as tarefas mais comuns do dia a dia. Recentemente, fui cortar o cabelo em um estabelecimento conhecido da nossa família. Frequento sempre o local, e, em determinado dia, entrou ali um homem cujo filho de 21 anos havia sofrido um acidente e estava em coma. Fiquei comovido com aquela situação e perguntei:

— Como é o nome do seu filho?

— Mateus — respondeu.

— Posso orar por você? — disse, porque sentia em meu coração uma grande vontade de interceder, mesmo em um salão cheio de outras pessoas.

— Pode.

— Mas vou orar agora, tudo bem?

— Sim.

Eu me levantei, abracei o rapaz e comecei a clamar pela vida do seu filho. Quando terminei, abri os olhos e vi que várias pessoas ao redor de nós choravam emocionadas. Encorajei aquele pai aflito e disse que o Senhor é poderoso para realizar milagres. Poderia ter sido apenas uma tarde comum, em que eu cortaria meu cabelo e voltaria para casa, mas tudo muda quando estamos atentos ao direcionamento do Espírito Santo e dispostos a amar o próximo como Jesus nos ensinou. Nada daquilo foi transmitido em rede nacional, não ganhei nenhum troféu ou recebi dinheiro pela minha atitude, mas sei que agradei ao Senhor e pude ser auxílio para alguém num momento de angústia. Esse é um exemplo do que penso sobre o sucesso de um homem.

Espero que meus filhos, mesmo que não sejam jogadores profissionais do futebol, vivam essa verdade em suas profissões, casamentos ou quando formarem suas próprias famílias. Que ajam com lealdade, fé, amor, altruísmo, saibam pensar nos outros além de si mesmos, e entendam que estão aqui apenas de passagem. Assim como um navio que sai do porto e cruza o mar para chegar no seu destino, devemos atravessar a vida sabendo que há um ponto de chegada, e, para alcançá-lo, não podemos abrir mão dos valores e princípios que nos forjaram.

FÍSICO, MENTAL E ESPIRITUAL

É verdade que nem sempre é fácil fazer essa travessia com foco e ânimo. Diversas vezes, somos tentados a desistir, ficamos cansados, decepcionados e frustrados. Eu vivenciei todas essas sensações e entendi que, para que eu tivesse uma trajetória bem-sucedida, precisava cuidar destas três áreas: física, mental e espiritual.

Não é novidade que boas noites de sono e uma alimentação sadia são essenciais para o funcionamento do nosso cérebro, renovam a nossa disposição e nos garantem clareza para solucionar problemas. Mas, além de tudo isso, a saúde do nosso corpo é capaz de nos ajudar a enfrentar as batalhas da mente. Essa foi uma grande lição que aprendi como atleta: sem o preparo físico necessário — o que inclui não só treinamento diário, como também o descanso adequado — meu raciocínio em campo ficava fraco, as emoções tomavam conta e a vontade de desistir era maior. Se nosso corpo é o templo do Espírito

"

Enquanto os sonhos estão limitados ao universo dos pensamentos, as metas estão no universo da ação.

Santo (cf. 1Coríntios 3.16), é nossa responsabilidade zelar por ele, porque assim nos tornamos mais fortes para superar as dificuldades, e honraremos a Deus por meio do autocuidado.

Em seguida, precisamos focar no bem-estar da nossa mente. Assim como devemos praticar exercícios para fortalecer o nosso físico, é importante exercitar o cérebro, para que ele não fique preguiçoso e deixe de funcionar. Ler e estudar sobre assuntos variados são maneiras de cuidar da saúde mental — em vez de gastar horas com redes sociais e entretenimento, que podem nos deixar ansiosos, cansados e sobrecarregados. Além disso, não podemos negligenciar as nossas emoções. Aprender a lidar com o medo, a tristeza, a raiva, inseguranças e traumas — e buscar ajuda profissional, se preciso — melhora nossos relacionamentos, garante maior foco, mais rendimento no trabalho e menos desgaste ao fim de cada dia.

Essa habilidade, indispensável no mundo dos esportes — e na vida — é chamada de inteligência emocional, um conceito difundido pelo psicólogo Daniel Goleman. De acordo com ele, não basta que um indivíduo tenha um Q.I.[1] elevado se ele não souber controlar seus sentimentos. Esse entendimento é tão importante para atletas, que até mesmo o técnico Vanderlei Luxemburgo decidiu distribuir o livro do Goleman para os jogadores que treinou.[2]

Além das áreas física e mental, poucos comentam sobre um terceiro aspecto essencial para o sucesso: a inteligência espiritual, conceito explorado pela cientista americana Danah Zohar. Suas pesquisas comprovam que todos os seres humanos têm, em seus cérebros, o chamado "ponto de Deus", por meio do qual o Criador se comunica conosco — o que é descrito na Bíblia como o Espírito Santo, que habita em cada pessoa que aceitou a Jesus como seu Senhor e Salvador. Pessoas com a inteligência espiritual elevada são

---

[1] Q.I.: Quociente de Inteligência, estimado pelos franceses Alfred Binet e Theodore Simon no início do século XX.

[2] GOLEMAN, Daniel. **Inteligência emocional**: a teoria revolucionária que redefine o que é ser inteligente. Trad. Marcos Santarrita. 1. ed. Rio de Janeiro: Objetiva, 1996.

capazes de vencer seus temores, lidar com frustrações e conseguem viver melhor em sociedade, sabendo que existe uma vida após a morte.[3] Hoje, tenho me esforçado para continuar desenvolvendo essas três áreas em minha rotina, e tenho certeza de que o equilíbrio entre elas foi o que me ajudou a ser um bom jogador de futebol, vencer os grandes obstáculos e, principalmente, transformar meus sonhos em metas — algo que aprendi a fazer ao longo da vida e sempre gosto de ensinar quando sou convidado para dar palestras ou contar a minha história.

SONHOS E METAS

Enquanto os sonhos estão limitados ao universo dos pensamentos, as metas estão no universo da ação. Por isso, devemos estabelecer atitudes práticas que convertam aquilo que é abstrato em algo palpável. Por exemplo, se quero comprar uma casa, quanto preciso economizar? Quais gastos posso cortar da minha rotina: deixar de sair com os amigos todo o fim de semana ou almoçar em casa em vez de comprar comidas em restaurantes? Um corpo saudável e uma mente equilibrada nos auxiliam a olhar para a nossa realidade e encontrar estratégias para alcançar aquilo que desejamos, mesmo que pareça distante ou difícil demais, sempre tendo em mente que dar pequenos passos em direção aos nossos sonhos é melhor do que continuarmos parados sem jamais atingi-los.

A Bíblia diz: "[...] onde estiver o seu tesouro, ali também estará o seu coração" (Mateus 6.21). Eu percebi que, diversas vezes, já gastei meu tempo correndo atrás de objetivos que eram superficiais e não me tornavam uma pessoa mais parecida com Jesus. Quando comecei a me profissionalizar no futebol, ainda adolescente, lembro que era fascinado por tênis, relógios e roupas caras. Mas percebi que, com o passar do tempo, acabei acumulando mais coisas do que realmente precisava, até que, certa vez, o Alex Dias Ribeiro me disse: "Silas, vi esses dias uma definição de consumismo muito interessante:

---

[3] ZOHAR, Danah; MARSHALL, Ian. **QS**: inteligência espiritual. Trad. Ruy Jungmann. 2. ed. Rio de Janeiro: Viva Livros, 2016.

“

Até os 45 minutos do segundo tempo, quando os pulmões arderem e os pés doerem de tanto correr, manterei viva a esperança de finalmente alcançar a vitória e conquistar o valioso prêmio — não um título nem uma taça de ouro, mas uma gloriosa coroa.

'comprar o que não precisamos com dinheiro que não temos para agradar quem não conhecemos'". Depois de ouvir aquela frase, entendi o quanto ela é verdadeira e comecei a mudar a minha forma de lidar com o salário que ganhava.

Conforme amadurecemos, notamos que nosso coração pode estar com o foco errado. Jesus nos aconselha a não acumular tesouros terrenos inutilmente, porque um dia vamos morrer e não seremos capazes de levar nada conosco. Quando nossa passagem por esta Terra terminar, mais valiosas do que os bens materiais que adquirimos serão as memórias que deixaremos marcadas na mente das pessoas que cruzam o nosso caminho. Já vi diversos ex-atletas, que um dia foram muito ricos, agora estão falidos, desempregados e divorciados. Eles se deixaram levar pela vaidade e hoje colhem o fruto do que plantaram no passado.

Sonho em terminar de construir um legado para os meus filhos, e estabeleço as metas que continuarão me aperfeiçoando como pai, marido, amigo e seguidor de Cristo. De nada valeria tudo o que adquiri por meio do futebol, se, no fim das contas, eu não fosse capaz de agradar ao Senhor com as escolhas que tomei. Com os recursos que ganhei ao longo da carreira, pude ajudar quem passava necessidade; por meio da minha popularidade, consegui falar sobre Jesus para milhares de pessoas; por meio do futebol, fiz amigos que levarei para o resto da vida. Ao contemplar tudo isso, posso dizer: "Quantas conquistas!".

EQUILÍBRIO: CONFIANÇA E HUMILDADE

A carreira vitoriosa que conquistei só foi possível porque mantive minha convicção nos valores que aprendi. Enquanto o Senhor me encorajava a ser um atleta confiante durante as partidas, também me lembrava de ter sempre um espírito humilde. Quando ainda jogava pelo Sporting, houve uma vez que competimos contra o Ajax, e os adversários eram muito mais altos do que nós. "Como esses caras podem ser tão grandes? Será que vamos ter chance?", eu pensava. Mas logo me veio à memória o que está escrito em Salmos 37: "O Senhor firma os passos de um homem quando a conduta deste lhe agrada; ainda que tropece, não cairá, pois o Senhor o sustenta pela mão" (vs. 23-24). Com isso, ganhei coragem para pisar em campo e enfrentar aqueles gigantes.

O que também me chama a atenção nesses versos é que o Senhor afirma que podemos tropeçar. Mas, quando nos esforçamos de coração para agradá-lo, ele oferece ajuda para nos colocar de pé. Então, ao mesmo tempo em que eu podia ver a dificuldade com a perspectiva de um Deus que é poderoso para fazer o impossível acontecer, eu também era lembrado das minhas fraquezas, e de que sou um homem carente da graça divina em todo o tempo. Assim, eu enxergava a fama com o pé no chão, e os obstáculos com uma visão do alto, o que me garantia equilíbrio.

Atualmente, tenho visitado diversas igrejas e empresas como palestrante para contar a minha história, e eu jamais imaginaria que centenas de pessoas estariam interessadas em ouvir o que tenho a dizer. Mas isso não afetou o meu caráter. Como Alex costumava me aconselhar: "Se você usar o talento que Deus te deu para o benefício de alguém, já está no caminho certo". E assim eu prossigo, sabendo que continuo sendo sustentado pela força do Céu.

Ter essa postura também me ajudou a superar as pressões e expectativas que depositaram sobre mim ao longo da minha carreira, e penso que isso é algo com o qual todos têm de lidar, não importa a profissão que escolheram. O que me trouxe paz foi entender que eu sabia que estava dando 100% de mim toda vez que o juiz apitava o começo de cada jogo. Quando me tornei técnico, buscava fazer o trabalho da forma mais excelente que podia, preparando e instruindo cada atleta. Hoje, como comentarista, pesquiso e estudo diariamente e me mantenho atualizado.

Por isso, posso deitar minha cabeça no travesseiro ao anoitecer, com a convicção de que fiz o meu melhor, mesmo que, aos olhos dos outros, talvez não seja o suficiente. Se tem algo que aprendi com o futebol, foi isto: "Dê o seu máximo, entre com a cabeça levantada e saia do mesmo jeito, seja qual for o resultado". Agradeço pelas vitórias, pelas derrotas, e por tudo o que passei, porque compreendi que devo agir com fé em qualquer circunstância.

No grande jogo que é a vida, Jesus tem sido o meu árbitro, direcionando cada segundo da partida. Até aqui, driblei os adversários da insegurança, da solidão e das vozes que um dia me disseram que eu não conseguiria. Vestindo a camisa 10, como alguém que tem certeza do talento que carrega, pela graça de Deus, sigo acelerando até a última gota de suor escorrer pelo meu rosto. Anotei muitos golaços, celebrei sem medo de ser feliz, e sei que estou cercado por um time de craques, familiares e amigos que me defendem quando preciso e estão sempre à vista, ligeiros para receberem os meus passes rasteiros.

No decorrer dessa partida de quase seis décadas, caí muitas vezes, tive algumas lesões, mas não permaneci no chão. Em meio aos gritos vibrantes da torcida nas arquibancadas — encorajamentos de um lado e algumas vaias do outro —, não perco de vista a bola, e continuo correndo em direção à grande área, porque ainda há mais pontos para marcar. Até os 45 minutos do segundo tempo, quando os pulmões arderem e os pés doerem de tanto correr, manterei viva a esperança de finalmente alcançar a vitória e conquistar o valioso prêmio — não um título nem uma taça de ouro, mas uma gloriosa coroa. Assim, poderei fazer das palavras do apóstolo Paulo as minhas:

> Combati o bom combate, terminei a corrida, guardei a fé. Agora, está reservada para mim a coroa da justiça, que o Senhor, justo juiz, me dará naquele dia; não somente a mim, mas também a todos os que amam a sua vinda (2Timóteo 7-8).

O Senhor ama tanto as pessoas, que permitiu que eu vivenciasse tudo o que passei para que agora eu fosse capaz de testemunhar do seu amor a elas. Sou um homem como qualquer outro e sei que tanto os mais ricos e famosos como os desconhecidos e pobres precisam dele da mesma maneira. Há três coisas em minha vida pelas quais sempre agradeço: Deus, minha família e o futebol. Todas as minhas realizações aconteceram por causa do esporte, e isso nunca poderei negar. Mas, como filho amado que sou, jamais fui abandonado pelo Pai. Isso me posicionou estrategicamente além do sucesso. Sua bondade me trouxe até aqui e continuará a me sustentar até o soar do apito, quando o grande jogo finalmente terminar.

Esta obra foi composta em *Zenon*
e impressa por Gráfica Reproset sobre papel
Couché Fosco 115 g/m^2 para Editora Vida.